営業の苦手意識がなくなる本

浅川智仁
Tomohito Asakawa

かんき出版

はじめに
営業がつらい……というあなたのための処方箋

「お客様から断られると落ち込んでしまう」
「毎月、ノルマが達成できないのではないかと不安」
「モノを売っていても、やりがいを感じない」

この本は、そんな**悩める営業の皆さんのメンタルケア**のために書きました。
言わば、**「営業嫌い」のための処方箋**のような1冊です。
メンタルケアというと、「精神論のような話ではないか？」と思われた方。
ご安心ください。
この本に書かれているのは、お題目のような精神論ではありません。

「お客様から断られて落ち込んでしまったとき」
「なかなかノルマが達成できず不安なとき」
「営業にやりがいを感じられないとき」

そんなときに、**「具体的にどうすれば、そんな悩みが解消されるか？」**について、20万件もの電話営業の体験からつかんだ、**たしかな方法**だけを書きました。

こんにちは。浅川智仁です。

私はかつて、「教育プログラム」を販売する会社で働いていました。そこでトップセールスとなり、独立後、法人を対象に営業研修を行う会社を起業し、現在に至っています。

そんな経歴から、有り難いことに、これまで、営業やコミュニケーションに関する多くの書籍を執筆させていただきました。

かんき出版さんからは、かつて、『電話だけで3億円を売った伝説のセールスマンが教える　お金と心を動かす会話術』という本を出させていただき、その中で、「いかにしてモノを売るか？」という、営業のためのテクニックについて書かせていただいています。

それに対し、本書でお伝えしたいのは、営業におけるメンタル面の悩みに関する解決方法です。

私はこの本で、営業に悩み、苦しんでいるあなたに、「悩みや苦しみが消える方法」をお伝えしたいと考えています。

営業嫌いだった私が、あるとき気がついたこと

今でこそ、「営業は天職」と考えている私ですが、もともとは、営業という仕事が大嫌いでした。


それはまだ私が子どもの頃、山梨県の清里で父がスーパーを経営していた時分のこと。父の元にはよく、「エイギョウ」と呼ばれる人たちがやってきていました。

「社長、新商品のビールが入りました」

「社長、こんなウイスキーを置いていただけませんか？」

そんなことを言っては、父にペコペコと頭を下げる彼らの姿を見て、幼かった私は子ども心にこう思ったものです。

「将来、こんな仕事だけは絶対にやりたくない」

当時の私にとっての「営業」とは……。

人に頭を下げて、お願いをして、お金をもらう卑しい仕事。
特別な資格も能力も必要ない、誰にでもできる仕事。

そんな偏見を持っていました。

子どもの頃にそんなふうに考えていた私が、まさか実家のスーパーの倒産によって、若くして借金の肩代わりをし、心ならずも「営業の世界」に飛び込むことになるとは……。

その後、営業の魅力に魅了され、独立起業し、法人向けの営業研修を行う立場にな

ると は……。

人間の運命というのは本当に面白い。

やむにやまれぬ事情で営業になった私は、「歩合制の給料で1日も早く借金を返したい」と、入社当初はそればかり考えていました。

しかし、営業になって多くのお客様と関わるうちに、あることに気がついたのです。

「営業ほど、お客様の人生の岐路に立ち会えて、しかも、『自分磨き』になる仕事は、ほかにはないのではないか？」

その頃、私が扱っていた「教育プログラム」は、まさに、「お客様の成功を手助けする商品」でした。そのため、私は、自分がかけた1本の営業電話をきっかけに、その後の人生が変わるお客様たちをたくさん見ることができたのです。

いうなれば、私は幸運にも、お客様たちから、「営業の素晴らしさ」を教えていただくことができたわけです。

それは、かつて「営業になんて絶対になりたくない」と思っていた私にとっては、営業に対する価値観が１８０度変わる気づきでした。

忘れられないキャンセル電話

営業の人たちを対象に研修を行っていると、参加者から、よくこんな質問をいただきます。

「浅川さんは、電話セールスを20万件も経験されたそうですが、なんでそんなに電話ができたんですか？」

「断られたときに、どうして、くじけなかったんですか？」

「心が折れそうになったとき、どうやってそれを乗り越えたんですか？」

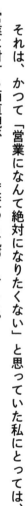

たしかに、**営業にとって、「断られること」は日常茶飯事**です。**営業は、心のタフさが求められる仕事**であることは、間違いのない事実でしょう。

私自身、最初からタフだったのかというと、まったくそんなことはありません。タフどころか、人から批判されるとすぐに傷つき、失敗から逃げ、石橋を叩きまくってから初めて渡るような臆病でナイーブな人間でした。

いわゆるガチャ切り（会話の途中で突然電話を切られる）も数限りなく経験しましたし、営業になった当初は落ち込むこともしょっちゅうでした。

たとえば、こんな忘れられないキャンセル電話もありました。

ある大学生の女性が、すっかり教育プログラムをやる気になってくださって、契約書類を郵送し、その書き方について説明するために電話をかけたときのこと。

本人ではなく、彼氏らしき男性が電話に出て、いきなり「**もう変な電話はやめろ！**」とすごい剣幕なんです。

「あのすいません、ちょっと趣旨がわからないので教えてもらえますか」と言っても、取り付く島もなく、とうとう本人は最後まで電話に出てくれませんでした。

そんな理不尽なキャンセルを体験すると、どうしても、「電話で高額な教材を売るという行為は、世間から見たら怪しげな詐欺《さぎ》にしか見えないのだろうか?」と、そんなふうに考えてしまいます。そして、いったんそう考えてしまうと、もう、電話のときに声が震えてきたりするんですね。

私自身が、そんな経験をしていますから、「浅川さんはどうしてそんなに電話ができたんですか?」と質問してくる方の気持ちがよくわかります。

私だって営業になり立ての頃は、バンバン営業電話をかけて、仕事を楽しんでいるかのような先輩営業を見ると、「すごいなぁ」なんて思ったこともありましたから。

もともとはナイーブな私が、どうして、心が折れることなく、20万件もの電話セールスをできたのか?

どうやってメンタル的なタフさを身につけることができたのか?

その理由、考え方、タフさを身につける方法については、本文で余すところなくお伝えしたいと思います。

営業という仕事を、再定義したい

あなたは、営業に対して、どんなイメージを持っていますか？
もしかしたら、こんなイメージではありませんか？

「営業」は、たいへんで難しい仕事だ。
「営業」で成功するには天性の資質が必要で、それは学びようがない。
「営業」は、頭を下げてお金をもらう卑しい仕事だ。
「営業」は、ノルマに縛られる厳しい仕事だ。

私は、「営業」という言葉にこびりついたこのようなイメージを払拭し、次のように再定義したい。

「営業」は、ＰＤＣＡを自分で回して楽しめるもの。

「営業」は、科学的で再現性があるものであり、さらに芸術でもある。

「営業」は、世の中の人々から感謝されるドクターのような誇り高い仕事。

「営業」は、自己研鑽《けんさん》が収入に直結する、やりがいある仕事。


いかがですか？

私は、**極めれば極めるほど「自分磨き」になる営業という仕事**が、本当にこの定義どおりのものであることを1人でも多くの方に伝えたい！

そして、**営業のステータス（社会的地位）を向上させたい！**

それが私の会社のミッション（使命）だと考えて、日々、活動しています。


かんき出版さんから本書の表紙案をいただいたとき、宣伝帯の部分を見て思わず笑ってしまいました。

どうやら私は「営業怪獣」に見えるようで……。

このネーミングについて、社員に話すと「ピッタリじゃないですか」と大ウケでした。

編集者さんの見立て、当たっているみたいです。

この本は、20万件の電話セールスを経験し、今では営業の方たちを指導する立場になった**営業怪獣から、「営業なんて大嫌い」という、「かつての私のようなあなた」へのプレゼント**です。

私はあなたに、**営業の素晴らしさ、奥の深さ、そして、なによりも「楽しさ」を知ってもらいたい！**

この本を読んでくださったあなたが、営業怪獣ならぬ「営業快獣」になってくださることを願っています。

浅川智仁

営業の苦手意識がなくなる本　目次

Contents

第3章

「リフレーミング」を活用して、メンタルを安定させる …… 93

Contents

第5章

メンタルが強い営業は、動きながら改善する……165

Contents

第6章

お客様は、どんなメンタルの営業を選ぶのか？……195

Contents

カバーデザイン　井上新八
本文デザイン・DTP　佐藤千恵
編集協力　西沢泰生
素材提供：Shutterstock.com/Drawlab19, garagestock, REZA 28

第1章

営業は「数をこなす」ことで、メンタルが楽になる！

手を止めたら「怖くなる」とわかっていた

「営業は、数をこなすことでメンタルが楽になる」

一見、逆説的なこの事実についてお伝えする前に、少しだけ、私が「営業の世界」に飛び込んだ当時の話をさせてください。

まず、「営業」とひと言で言っても、大きく2つに分けることができます。

1つは、継続的にお取引があるお客様を訪問する、いわゆるルートセールス。

もう1つは、「飛び込み営業」などで新たなお取引先を開拓する、新規開拓型のセールスです。

私が、初めて営業の世界に飛び込んだときの教育プログラムの販売会社は後者で、

新規顧客候補先リストに対して次々と電話をかけてセールスを展開するという、新規開拓型の営業を展開していました。ちなみにこうした電話による新規開拓の営業スタイルは、現在でも、保険、金融、不動産などの業界では主流です。

さて。入社した私はまず、５日間の研修を受け、１週間後にはもう現場での電話営業がスタートしました。

なにしろ、顔も知らない相手にいきなり電話をかけるのです。最初のうちは、正直に言えば、**営業の電話をかけることが本当に恐怖でした。**

売り込み電話だとわかった途端に、一方的にガチャ切りされることも多く、まるで自分のすべてを否定されたかのような気持ちになって傷つくこともありました。

しかし、「この世界で稼いで実家の借金を返す」と思っていた私は、ひたすらに電話をかけ続けました。たぶん、**少しでも電話をかける手を止めたら、恐怖で身動きがとれなくなってしまうことがわかっていた**のだと思います。

ですから、受話器を置かずに、とにかく電話しまくっていたのです。

「はじめに」の中で、研修の参加者からよく、「浅川さんは、なんでそんなに電話ができたんですか？」という質問を受けるというお話をしましたね。入社した当時の私について言えば、**「電話する手を止めたら、次に電話をかけるのが怖くなってしまうことがわかっていたから」**ということになります。

当時の私が、そんなふうに考えた理由には、1つの仮説があります。

実は、私の父は、スーパーを経営しながら議員を務めていた時期がありました。その選挙活動で、私は選挙区内の知らないお宅を訪問しては、「浅川えいじをよろしくお願いします」と、お願い訪問を繰り返したことがあったのです。

毛虫でも見るような目で見られることもあれば、対立候補を支持するお宅を訪問してしまい、父のことをボロクソに言われることもありました。

そのときに感じた、「知らないお宅の玄関をピンポンするという恐怖」が、この電話営業でよみがえって、「**手を止めたら終わりだ**」と考えたのだと思います。

この「手を止めたら怖くなって動けなくなるから、とにかく電話し続ける」という経験が、のちの私に、かけがえのない財産をもたらしてくれることになるとは、このときはまだ、知る由もありませんでした。

「自分で決めたノルマ」を、ガムシャラにこなしていたら……

営業になって、周りの先輩を観察していると、やっぱり**「売れない先輩」の多くは、新規顧客候補先のリストをじっと眺めていて、電話もせずに考え込んでいる時間が長い**ということがわかりました。

どうやらリストを前にして、悩んでしまっているようなのです。

行動をしないのですから、売れるはずがありません。

いっぽう、私はと言えば、「手を止めるのが怖いから」という不純な動機からでしたが、形だけでもジャンジャン電話をかけていました。

具体的に数字で言えば、「午前中だけで最低でも50本。多ければ１００本の電話をかけること」を自らのノルマにしました。１日では、最低でも３００本。多ければ

500本です。

電話の本数だけではありません。ド新人のくせに、成約件数にも、自ら設定したノルマを課しました。

会社が実際に営業に課していたノルマは、「3か月の間に1件の契約を取る」というもの。入社研修のときには、ウソかホントか、「3か月に1件の契約を取れないと、次の日にはデスクがない」と脅かされました。

「3か月に1件」というと、一見、簡単なように聞こえます。しかし、なんといっても単価が百万円を超えるプログラムでしたから、電話営業で契約までもっていくのは至難のワザ。契約ゼロのまま3か月目の中旬を越えてしまった先輩営業が、目の色を変えて電話をする姿をよく見たものです。

そんな中、私が会社からのノルマとは別に、自らに課したノルマは次のようなものでした。

「1週間で1件の契約を取る」

いやー、我ながら無茶します。尖《とが》っていましたね。

でも、なにしろ私は、入社の挨拶で、「トップになるために、ここにきました」と、先輩たちの前でとんでもない宣言をしたくらいでしたから、「それくらいのノルマをこなせないでどうする」という思いがあったのです。

さて。偉そうな宣言をして、実際にはどうだったのかというと……。

毎日、自分が決めたノルマをこなすべく、売れない先輩の何倍もの数の営業電話をガムシャラにかけ続けた結果、入社して12日目には、最初の契約を勝ち取ることができました。

この1件目の契約は、とても印象に残っていて、買ってくださったお客様のフルネームを今でも覚えているほどです。

入社間もない新人が、わずか12日目に契約を取るというのは、かなり画期的な出来事だったらしく、周りからは、「10年に1人の逸材」などと言ってもらえました。

この1件目の契約は、大きな自信になり、私の中で、「営業」という仕事について、**ある1つの仮説**が見えるきっかけにもなったように思います。

「営業でトップに立つ人」の共通点

「浅川君。この会社でこれまでに営業成績トップに立った人たちには、1つの共通点があるんだけど、聞きたい？」

それは、私が入社して2か月くらい経った頃のこと。私の隣の席の先輩が、突然、こんな話をしてくれました。

その先輩は、「浅川君の入社のときのスピーチ、すごかったね」と言って、なにかと私に目をかけてくれている方です。実は、私の入社のときの破天荒な宣言に関しては、「新人のクセに生意気な」と反感を持った先輩も少なからずいたのです。にもかかわらず、この先輩は、私をとてもかわいがってくださっていて、こんな話をしてく

れたのです。

「自分は、申し訳ないけどトップに立とうとは思わないし、トップに立てるような人間じゃないと思う。ただ、まあ社歴だけは長くて、そこは自慢できる。おかげでたくさんのトップセールスを見てきたけれど、将来、トップセールスになる人たちって、明確な共通点が1つあるんだけど、聞きたい？」

「はい。ぜひ教えてください」

「それはね。トップセールスになる人たちって、例外なく、入社した当初、メチャクチャに断られていた人だったんだ」

「メチャクチャに断られていた人……」

「そう。○○さんしかり、○△さんしかり、入社したての頃は皆、いろいろ考えないで、とにかく電話して、電話先から断られまくっていたよ」

この話を聞いて、思いました。

「それなら自分にもできる！」

先輩が例に挙げた人たちは、本当にモンスターのような営業たちでした。

彼らを見て、「どうしたらあんなに売れるの？　いったいどうやったら彼らより上にいけるの？」と思っていた私にとって、この先輩の言葉は、暗闇の中で見つけた一筋の光に思えました。

それこそ、目の前の霧が晴れて、山の頂上への道が見えたような気がしたのです。

そう思うと同時に、私はこの先輩の言葉に感動していました。

なぜって、営業同士が激しくしのぎを削る社風ゆえ、先輩が後輩にアドバイスをすることなどめったにない会社だったからです。冗談ではなく、自分のセールストークを周りに聞かれないように、デスクの下にもぐって電話をかけている先輩もいたほどです。

それなのに、この先輩は、自分に、**「たぶん営業にとって、とても大切な秘密」**

を惜しげもなく教えてくれたのです。その思いに感動しました。

この会社に入社する前に、私は父の友人である韓国人の社長さんの秘書になり、とてもお世話になった時期があります。そのときに**「若いんだから、もっとエネルギーを出せ！　横で見ている人が、つい手を差し伸べたくなるようなエネルギーを出すんだ！」**と苦言をいただいたことがありました。

入社2か月目に、隣の席の先輩から、こんな貴重なアドバイスをいただけたのも、もしかしたら、この韓国人社長の苦言が私の中で咀嚼《そしゃく》されたおかげだったのかもしれません。

話を戻しましょう。

「お客様からメチャクチャに断られる」

それはつまり、**それだけの数、行動を起こしている**ということにほかなりません。

自分で課したノルマから、毎日、数多くの電話をかけていたおかげで、12日目にして初契約に成功した私が、体感として気づきはじめていた仮説。

実は、それも**「営業においては、数をこなすことこそが成功するための最大の近道なのではないか?」**ということでした。

この先輩の言葉は、その仮説を確信へと変えてくれたのです。

営業の質の高さは、圧倒的な数によってのみ生まれる!

これは今も昔も変わらない事実。

数多くの成功を手に入れるには、やっぱり分母が大切なんです。

多くの人は、「効率的」という耳あたりのよい言葉に惹《ひ》かれて、つい、すぐに質を求めてしまいます。特に現代では、ネットからすぐに「答えらしきもの」を見つけて、わかったような気になりがち。しかし、そんな付け焼き刃的な「質」は、すぐにメッキがはがれます。それに、そんな「質」では、ゆるぎない自信を持つことはできません。

まずは「数」!　まずは「量」!　それをこなすことが質を高める近道。

そしてそれは、メンタルを楽にすることにもつながっていたのです。

「最初はなによりも行動が大切」な理由

横浜で不動産の仕事をされている、とても優秀な若手の営業の方の実例です。

不動産の営業では、新たな土地や建売住宅を販売するほかに、「今住んでいる家と土地を売って引っ越したい」と考えている人から依頼されて、「家や土地を売るお手伝いをする」という仕事があります。その方は、あるとき、形が変則で少し売りにくい土地の販売を委託されたのです。

それで、私にこんな相談をしてきました。

「浅川さん、聞いてください。先輩の営業を見ていると、私が今回、販売を委託されたような売りにくい物件を預かったときも、せいぜい10件から15件くらいの業者に電話をして、いくらで買ってもらえるかの見積りを取っています。自分もそれを見習っ

て10件から15件くらいの業者から見積りを取りたいと思っているのですけど、それでは足りませんか？　やっぱりもっと多くの行動をすることが必要でしょうか？」

相談された私は即答しました。

「当たり前です。先輩と同じではぜんぜん行動が足りないと思いますよ」

「やっぱりそうでしょうか」

「当然です。少し考えてみてください。先輩たちは10件から15件くらいの業者にしか連絡をしないということですが、**先輩たちが新人だったときも、それだけしか電話をしなかったと思いますか？**」

「あっ、そうですよね」

「先輩たちは、これまでにたくさんの業者に連絡して数をこなしてきたから、今は、『この業者とこの業者に連絡すれば、たぶん高く買ってくれる』ということがわかるようになったのではありませんか？　まだ若手のあなたが、今から先輩たちと同じ数の業者にしか電話をしなくて、5年後に先輩たちに勝てるようになりますか？」

「わかりました！　ありがとうございます！」

その後、彼はどうしたか？

「こういう土地があるのですが、いくらで見積りを出してくれますか？」という電話を、自分で開拓した業者も含めて、なんと１８０件にしたそうです。

先輩から「もう充分じゃないか？」と言われても、「いや、もうちょっとこだわってみます」と言って、電話し続けたのです。

そうしたら、思っていた以上の高額で買ってくれる業者を発見したといいます。

これが数の力です。

最初に数をこなしたおかげで、次から彼は、売りにくい形の土地の販売を委託されたら、最初にその業者に電話ができるようになりました。もう、１８０件も電話する必要はないわけです。

まったく、「若いうちの苦労は買ってでもしろ」とはよく言ったものですね。

さて、実は、「最初は数をこなしましょう」というメッセージには、もう１つ、見逃しがちな意味が含まれています。

それは、「**数をこなすことは、若いうちだからできる**」ということです。

「効率的」という言葉が好きで、数をこなすのを嫌う若い営業の方に、私はよくこんなことを言います。

「40歳になって、100件も200件もお客様から断られる人生ってどうですか？自分が課長になったときに、質が低い営業をしていて、お客様に断られる姿を部下に見られるって嫌じゃありませんか？」

私がそう言うと、たいがいの人は「それは耐えられませんね」と答えます。

「だったら、部下も後輩もいない若手のうちに、100件、200件断られて、営業の質を上げておいたほうがよくないですか？」

「たしかに……。お客さんから断られてしょんぼりしている課長……います」

「数が質をもたらす」、そして「最初はなによりも行動が大切」ということ。伝わりましたでしょうか。

数をこなすと、相手からの信頼が増す

想像してみてください。

たとえば、あなたが築20年の自宅を売ろうと思って、1円でも高く売ってくれる不動産会社を探しているとします。

そのとき、A社の営業マンはこう言ってきました。

「私に任せてください！　絶対に高く売りますので！」

ところが、「本当ですか？　なにをもってあなたは高く売れると言っているのですか？　根拠を教えてください」と聞くと、絶句してしまいました。

次にやってきたB社の営業マンがこう言います。

「私に任せてください！　絶対に高く売りますので！」

あなたはまた聞きます。

「本当ですか？　なにをもってあなたは高く売れると言っているのですか？　根拠を教えてください」

すると、B社の営業マンは、持参した分厚いファイルを開いてこう言いました。

「ありがとうございます。よくぞ聞いてくださいました。これはこの町の築20年を過ぎた物件の売買金額の推移です。それと、今すぐに私が買い取りの見積りを出せる業者のリストです。全部で123社あります。この中から、過去の売買推移も参考にしつつ、もっとも高い見積りを出してきた業者に買ってもらうつもりです」

あなたはA社とB社、どちらの営業マンに自宅の販売を依頼しますか？

言うまでもありませんよね。

根拠のない「頑張ります」は子どもでも言えます。

お客様を安心させ、信頼をいただく根拠となるものが、「数」に裏打ちされたデータの蓄積なのです。

コロナ禍で、株の値が下がったときに、私のところにきた証券会社の営業マンがそうでした。その彼は私に、リーマンショックなど、歴史的インパクトがあったときの株式の値動きに関するデータを見せてこう言ったんです。

「浅川さん。ズバリ言うと、今が底値だと思います。もちろん投資に１００パーセントはありませんけれども、過去のデータを見て分析すると、今が底値なのではないかと思っています」

それを聞きながら、私は内心、「ああ、この営業マンやるな」と思っていました。

単に「今が買いです。これから絶対に上がります」と言われるのとでは、説得力がぜんぜん違いますよね。

このように、**数をこなせば、右脳的な感情論ではなく、左脳的なデータ重視でものを言えるようになれます。それが、自分の自信と、お客様の安心につながる**のです。

よく、「勘も大切なのでは？」と言う人がいます。でも、まだ若くて経験不足の人間の勘なんて、たかが知れています。

高い精度で勘が働くようになるためにも、数をこなすことが必要なのです。

数をこなすと、チャンスがめぐってくる

時代小説が好きな方ならよくご存知の、石田三成が豊臣秀吉に召し抱えられるきっかけになったという逸話です。

豊臣秀吉がまだ羽柴秀吉だった頃のこと。鷹狩りからの帰り道、喉が渇いて、ある寺に入ってお茶を所望したんですね。

すると、その寺の若い坊主が、冷たいお茶を持ってきました。

「もう1杯くれ」と言うと、今度はぬるいお茶が1杯目の半分くらいの量で出てきます。「おっ？　これはもしかしたら」と思った秀吉が「もう1杯くれ」と言うと、今度は、熱いお茶が少量出てきたのです。

秀吉が「なぜ、3杯とも違う茶を持ってきたのだ？」と聞くと、若い坊主はこう答えます。

「はい。1杯目は喉が渇いていると思ったので冷たいお茶を多めにお持ちしました。2杯目はお腹を壊さないようにぬる目のお茶を半分。3杯目は癒してさしあげたいと思って熱いお茶を少しだけお持ちしました」

「お前、気に入った！」

秀吉はこうして、のちの石田三成となるこの若い坊主を家臣に召し抱えた。

おそらくこれは史実ではなく後の世の創作だと思われます。しかし、石田三成という人物の持つ、目から鼻へ抜ける聡明さというか、如才なさがよくあらわされていて、大好きなエピソードなんです。

いろいろと学びの多い話ですが、私は学びの1つとして、ここに、「数をこなすことの大切さ」を感じます。

たぶん三成は、秀吉と出会う前にも、100回なのか200回なのかはわかりませんが、何人もの客人にお茶を出していたはずです。そして、そのたびに、相手の様子を観察しては、「ぬるいお茶をたくさん出すか」「熱くて濃いお茶を少なめに出すか」と、知恵を絞っていたはず。

そんなことをずっと続けてきて、たまたまその日、秀吉が立ち寄ってドラマが起こったというわけです。

なんだか、ずっとあきらめずに営業電話をかけていたら、ある1本の電話が大口契約につながった……、そんな話に似ていると思いませんか?

数をこなしていると、チャンスがめぐってくることがあります。

数をこなしていなくても、チャンスとめぐり合うこともありますが、その確率はすこぶる低い。

チャンスにめぐり合う確率を上げたければ、やはり数をこなすことが大切。

数をこなしたうえに、三成のように、その1回1回を工夫して行動すれば、チャンスに出会う確率はさらに高くなります。はじめはしんどいかもしれませんが、「**次の1件が、出会いになるかもしれない**」と考えて行動することが大切です。

「悩み」はステージ！

さて、ここでふたたび、営業の世界に飛び込んだばかりの頃の私の経験に話を戻します。

「1週間に1件の契約を取る」と決めて、入社して12日目に最初の成約を果たした私のその後はどうだったのか？

最初の1か月で、なんと4件の契約を取ることができたのです。

多くの先輩たちが3か月で1件の契約が取れなくて苦しんでいる中で、我ながら上出来。まだ営業のテクニックもつたなかった私がそんな結果を残せたのも、電話をする手を止めるのが怖くてひたすらにコールし続けた「**数の勝利**」だったと思います。

ただ、この「1か月目に4件成約」という華々しいデビューにはちょっとしたオチがあって、このうちの2件は、最後の最後でキャンセルになってしまいました。

契約書にも記入していただいて、「じゃあ、それをポストに投函したら電話をください」と、そこまで進んだところで連絡がつかなくなってしまったのです。

このようなキャンセルのことをセールスの世界の隠語で「飛ぶ」と表現しますが、せっかく苦労して契約までいったのに、土壇場で半分の2件が飛んだ私は、かなり落ち込みました。

それで、そのキャンセルがあった直後に、デスクの横に掲示していた「お客様の営業進行状況表」の最後の「キャンセル」という部分を見つめて、営業電話もかけずに、ぼーっとしていたんですね。

そんな私の姿を見た、10年選手の大先輩が声をかけてくれました。

その先輩も、「面白いヤツが入ってきた」と、私に目をかけてくださっていた方です（こうして振り返ると私は本当に人に恵まれています）。

「あれ、どうした浅川、元気ないのか？」

「いや、せっかく頑張って4件ご契約いただいたのに、最後の最後で2件も飛んでしまったんですよ」

私の言葉を聞いた先輩は、ちょっと微笑みながらこう言ったんです。

「**お前、馬鹿か？**　あのさ、ちょっと頭を上げて後ろを振り返って、フロアを眺めてみろよ」

「あっ、はい……」

「見えるか？　あれはお前の先輩たちだよな」

「はい。もちろんそうです」

「アイツらは、今、契約のドタキャンで悩んでいるか？」

「いえ、悩んでいません」

「だろ。もっと言うと、**お客のキャンセルで悩めるところまでいっていない。**ほとんどのヤツは、お客とのアポが取れないとか、3か月で1件の契約が取れないとか、そんなことで悩んでる。それなのに、お前は、**入社1か月目で、もうお客のキャンセルで悩むことができてる。それってすごいことだと思わないか？**　正直、俺はここで10年以上もやってるけど、いきなり入社初月にお客のクーリングオフを経験したヤツを見たことがない。お前は『持ってる』。たった1か月で全部経験しちゃったんだから」

その言葉を聞いて思いました。

ああそうか……**悩みはステージ**だったんだ。

仕事について、どんな悩みを持っているというのは、**その人が今、立っているステージのレベルの目安**なのです。新人社員は「今の自分の仕事」や「職場での人間関係」などで悩むでしょうし、課長は「課のノルマの達成」や「部下の指導・育成」などで悩む。そして、社長は会社の事業計画や損益で悩む……。

それぞれで悩むことが異なるのは、立っているステージが違うからです。

私は先輩の言葉で、悩みは自分の立っているステージを知るための「ものさし」なのだとわかってから、新たな悩みが出てきたときも、**「よし、こんなことまで悩めるようになった」**と、思えるようになりました。

あなたの今の悩みはいかがですか？　**自分の現在のステージに合った悩みなら、悩んで当たり前ですから落ち込む必要はありません。**

むしろ、**来年の今頃も、同じことで悩んでいたらまずい**と思ってください。

「数をこなすと決める」ことによる、すごいメリット

ここまでで、営業においては数をこなすことが、「実は仕事の質を上げる近道」であること、「仕事の質を上げることで、仕事が効率的になり、楽になること」、そして、「チャンスにめぐり合う確率を上げることになる」ということが、わかっていただけたことと思います。

「営業が数をこなすこと」には、このようにさまざまなメリットがあるのです。

では、これまでの説明を踏まえて、営業が「よし、まずは数をこなそう」と決めることによって、なぜ、メンタルが楽になるのかという理由についてお話ししましょう。

ズバリ言います。

営業が「数をこなすと決めること」による、メンタル面での最大のメリット。
それは……。

断られても、落ち込まなくなる！

メンタル面について言えば、これが「数をこなすと決めること」の最大のメリットかもしれません。

想像してみてください。

たとえばあなたが、かつての私のように、「よし、自分はこの会社の営業の中で、毎月、もっとも数多くお客様から断られるセールスになろう」と考えたとしたら……。

電話でお客様から断られるたびに、「やった！」と、思わずガッツポーズをしてしまいませんか？　それこそ、ガチャ切りなんて、「ラッキー！」と思えるのでは？

だって、目標は「誰よりも数多く断られること」なのですから。

このように、**「まずは数！」と決めると、「お断り」＝「不快」という公式を、「お断り」＝「快感」という公式に変えることができる**のです。

ある人材派遣会社の社長さんは、飛び込み営業をやっていたとき、**「新規開拓の飛び込み営業では、受付に名刺を20枚渡すこと」**を自分のノルマとして決めていたそうです。多くの大企業には、受付があって、アポなしの飛び込み営業などはそこで止められてしまうのが普通です。

何度訪問しても受付で門前払いをされ続けると、メンタルが強い人でも落ち込んできますよね。ところがこの社長さんは、**はじめから「20回は訪問しよう」と決めていますから、受付で10回断られても、15回断られても、まったく落ち込むことがなかったそうです。**

そうやって、毎回、受付に名刺を渡していると、そのうち、受付の人が味方になって、「飛び込みのたびに名刺を置いていく人材派遣会社の営業の人がいます」と、人事担当者に話して次の訪問のときに取り次いでくれたり、人事担当者のほうから興味を持ってくれたりして面談が叶うことがほとんどだったとか。

「まずは数をこなそう！」と考えて、それこそ、**余計な感情を入れずに、淡々と数をこなすことには、メンタル面でこんなメリットがある**ということです。

すべては確率論！感情を入れないで数をこなせ！

私は、電話営業でお客様から断られ続けて、落ち込んでいる社員がいると、こんな声をかけます。

「落ち込む暇があったら、電話して」

ちょっと突き放したように聞こえるかもしれません。

でも、**「感情を入れないで無心で数をこなす」ことが、断られても落ち込まなくなるためのもっとも簡単な方法**なのです。

数をこなすと、データが蓄積され、感情ではなく「確率論」の世界に入ってきます。

数をこなして「確率」に目がいくからこそ、感情を排除でき、落ち込むこともなくなります。

余談ですが、私が知る証券会社の営業マンは、相場が3パーセント下がったら、必ずお客様に**「一時的なことですので安心してください」と連絡を入れることを決めているそうです。**

感情を入れずに、機械的に決めていることなので、「相場が下がって、お客様と話しにくいな」などという余計なことを考えなくて済むというのがその理由。

そうやって、決めてしまっているから、連絡しやすいし、そのこまめな連絡がお客様からの信頼にもつながるのです。

私はよく、自分のプロフィールとして、「20万回電話営業をしてきた」と言っています。これについて、「数えたの？」と聞いてくる人がいますが、私は自信を持ってこう答えることができます。

「**はい。数えていました**」

データ入力の重要性については、次の章で触れますが、私は、本当に1回1回の電話営業をデータとして蓄積していました。だからこそ、それを財産に変えることができたのです。

さあ、今からでも遅くありません。

あなたも1回1回の営業活動をデータとして蓄積してみてください。

そこに余計な感情は不要です。

ただただ、データを取りながら数をこなすだけでいい。

それだけで、未来に役立つだけでなく、たとえ断られても、「また貴重なデータが増えた」と落ち込まなくなります。

「成功は数のゲーム」

営業にとっては、「成長の近道」も「メンタルを安定させる方法」も、「数をこなすこと」にあるとお伝えしてきた第1章の最後に、カリスマ経営コンサルタントであり講演家のブライアン・トレーシーの言葉を紹介したいと思います。

「営業の神様」と呼ばれることもある、このブライアンの言葉に、かつての私はどれだけ励まされたかわかりません。

それはこんな言葉です。

「（営業は）根気よく続けなさい。成功は数のゲームである」

この言葉を知って、私は「数をこなすこと」の意義を再認識できました。そして、彼のこんな言葉を実行したのです。

「最高のセールスができるのは、常に最長の道の端で、最長の日の終わりで、最終に訪問する人に対するときである」

もう今日の電話営業を終わりにしようか……と、思ったあとのもう1本電話。それが最長の道の端です。

「まだ最長の日の終わりじゃない、まだ最長の日の終わりじゃない」

私は毎日、もう1本、もう1本と、そう思いながら電話営業をしていました。そうやって毎日を生きた結果が、今の私を作ってくれたのです。

本当に、「もう1本だけ」と思って、その日にかけた最後の電話が、最高のお客様との出会いになったことが何度もありました。

ちなみに私は「電話営業だけで３億円売った伝説のセールスマン」などと呼んでいただいて、いかにもすごい営業のように言われていますが、販売会社の営業時代に電話をかけた20万回のうち、成約に至ったお客様の人数は全部で２５０人しかいません。

言ってしまえば20万分の２５０！

いかにたくさん断られてきたかわかっていただけると思います。

もし、私が数をこなすことなく、１万回しか電話をしていなかったとしたら……。

今、こうして営業に関する本を書いていることもなかったはずです。

「成功は数のゲーム」

この言葉をあなたに贈りたいと思います。

第2章

「パフォーマンスの振れ幅」を知れば、不安にならない

松井選手に学んだ、平常心の大切さ

元メジャーリーガーの松井秀喜さんが、かつて、インタビューで「どんなバッターになりたいですか？」と質問されたとき、こんな回答をしていました。

「常に平常心を保てるバッターになりたい」

この質問、たぶんインタビュアーは、「ホームランをたくさん打てるバッターになりたい」とか「チャンスに強いバッターになりたい」とか、そういう答えを期待して聞いたと思うのです。でも、松井さんは、そういうバッターより、「常に平常心を保てるバッターになりたい」と。

松井さんが、この「平常心」を重んじるようになったきっかけは、小学生のとき、試合で打てなくて落ち込んでいると、父親が「人間万事塞翁《さいおう》が馬」の故事について教えてくれたことだったといいます。

言われてみれば……。

多くの野球ファンにとって忘れられない松井さんのエピソード。高校生のとき、甲子園大会で５打席連続敬遠をされたあの場面。球場中がヤジで包まれる異常事態の中、松井さんは表情ひとつ変えずに淡々と一塁ベースに歩いていました。あのときすでに、松井さんは「平常心」を体得していたのかもしれません。

そういえば、松井さんはメジャーリーグ時代、試合後に必ず記者会見を開いていました。「毎試合後、記者会見を開くから、質問はそのときにまとめてしてほしい」というのが理由でしたが、さんざんな結果だった日に、平然とインタビューを受けるのは、なかなかできることではなかったはずです。その証拠に、イチローさんは「凡打した日の記者会見なんて、自分は絶対に嫌だ」と言っていました。

いずれにしても、この松井さんの言葉、「常に平常心を保てるバッターになりたい」

は、私にとって大きな衝撃でした。

なぜなら、その言葉を聞いた当時の私は、営業結果に一喜一憂していたからです。契約を取れたら、「やったーっ」と派手に喜び、契約がダメになったら落ち込んでしまう……。そんな自分が、松井選手に比べてすごくダサく思えました。

実際、松井さんは、日本でプレーした最後の年の最後の試合、巨人軍では王貞治さん以来25年ぶりの快挙となった年間50本目のホームランを打ったときでさえ、ほんのちょっぴりガッツポーズをしただけで、平然とした表情を保っていました。

そんな姿がカッコよく見えて、私も大きな契約を決めて、周りから称賛されても、平然として「お客様のおかげです」なんて言うだけ。契約を逃したときも、平然と「よし次」と思うように意識したのです。

この「平常心を保つ」という習慣は、私にとってとてもよい効果をもたらしてくれました。

そもそも、素晴らしい結果を引きずるならまだしも、**嫌な結果を引きずってもよいことなんて1つもありません。**それどころか、嫌な結果を引きずると、その後の結果に対して、悪影響を及ぼしてしまいます。

「状態」が「結果」を生み出すプロセス

ここで、あなたの「状態」が「結果」を生み出すプロセスについて説明します。

次ページの図「結果を生み出す状態管理」をご覧ください。

この図は、私が人間行動心理学を研究し**「人生において、どのような循環で結果が作られるか」**をわかりやすく見える化、図式化したものです。

まず、図の左上にあるのは「気分や機嫌」。これがあなたの「**状態**」です。この「状態」によって、あなたの「**行動**」、たとえば、「言葉」や「表情」や「振る舞い」が作られます。次はその「行動」によって「**結果**」、つまり「成功」か「失敗」かが生まれる。そして、その「結果」を受けて、「**自己イメージ**」、つまり「自己評価」や「自己像」が作られる……、そんな図です。

【 結果を生み出す状態管理 】

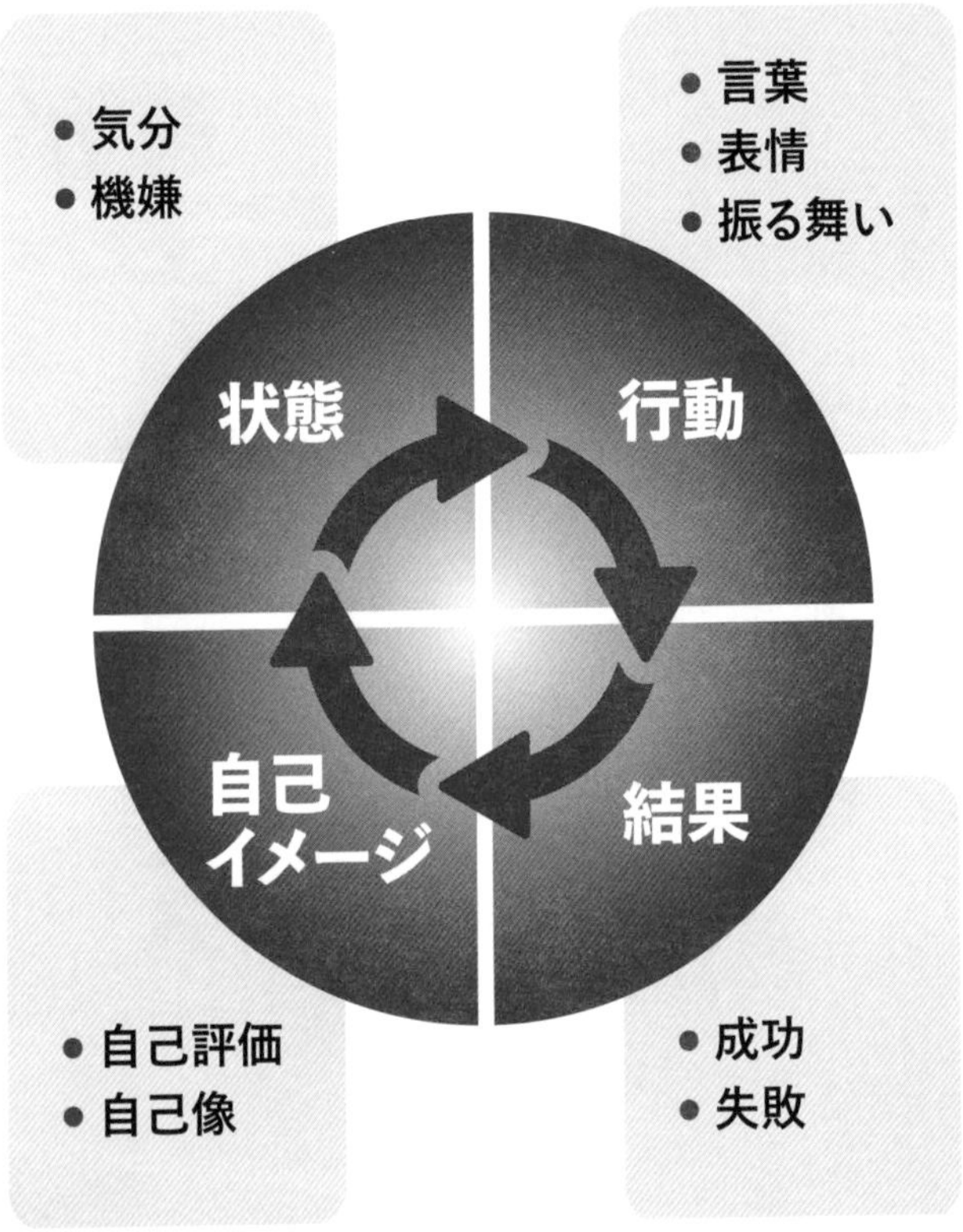

最後の「自己イメージ」とは、簡単に言えば、**「心の中で言っている独り言」**。

営業で言えば、「自分はなんて営業に向いているんだろう」とか「自分はつくづく営業に向いていないな」とか、そういう独り言ですね（ちなみに、２００５年くらいまでの私の自己イメージは「自分なんか営業に向いていない」でした！）。

いずれにしても、この図にあるような循環がグルグルと回転して、人生における「結果」は作られています。

例を挙げましょう。

たとえば、自分が保険会社の営業マンだと想像してみてください。

ある日、午前中から大型の契約を2件お預かりできた（決めた）とします。

そのときのあなたの「気分や機嫌」、つまり**「状態」**はどうでしょうか？　たぶん、最高に気分がよくて上機嫌ですよね。

午後の見込み客への提案も、その状態を引きずって、自信に満ちた表情と力強い言葉づかい、そして、落ち着いた立ち振る舞いという**「行動」**ができます。

そんなあなたから提案されたお客様は、「プロがそこまで言うならお願いしようかな」と考え、契約という「**結果**」につながります。

その結果を受けて、あなたは「たった半日で3件も成約するなんて、もしかして、自分はセールスの天才なのでは?」という「自己イメージ」を持つ。

と、そんな流れとなります。

もちろん、これとは逆に、午前中だけで契約が2件飛んでしまったら、状態は最悪。それを引きずって午後の行動も自信なさげ、それを感じた見込み客からは契約が取れず、その結果を受けたあなたは、「自分は営業に向いていないかも……」という自己イメージを持ってしまう……。

この図の循環のイメージ、伝わりましたでしょうか?


私がこの図でわかっていただきたいことは1つだけです。

「結果」は「状態」に比例する!

これは、営業研修では必ずお伝えしている大切な概念で、「皆さん、ここはメモしてください」と言うところです。

つまり、**状態が結果を作る。**さらに言えば、**「結果を高めたければ、状態を上げなければならない」**ということです。

これ、多くの方が逆に考えています。

結果がよいから気分が上がる。結果が悪いから気分が下がる。

そうとらえている人が多い。

でも、それは逆で、結果ではなく、あくまで状態のほうが先なんです。

私はよく、**「状態が低い、歴史上の人物はいない」**と言っています。歴史に名を残す英雄たちは、やっぱり状態が高い。

これは営業でもしかりで、**売れる営業は、「売れるから状態が高い」のではなく、「状態が高いからよく売れる」。状態の低いトップセールスはいません。**

ということは、**「売れる営業になりたければ、まず状態を上げましょう」**ということになります。

状態を上げる、いちばん簡単な方法

では、いったいどうやったら状態を上げることができるのか？

多くの方は、ここで頭で考えて「状態を上げよう」としてしまいます。

でも、それって結構、難しい。

先ほどの例で言えば、「午前中に2件、契約が飛んだけれど、午後のお客様は別だ。テンションを上げていこう」と頭で言い聞かせるということ。しかし、残念なことに、頭で考えて気分を変えるって、一筋縄ではいかないのです。

知人の心療内科の先生によると、メンタル面で落ち込んでしまった人に対して、もっともやってはいけないのは、「説得」や「言い聞かせ」なのだとか。「大丈夫だから」

とか「私にもできたんだから、君にもできる」などと言えば言うほど、かえって落ち込んでしまうと言います。

これは心理学では**「意思逆転の法則」**と呼びます。「早く寝なくちゃ」と考えると逆に眠れなくなるようなもので、頭で考えれば考えるほど、意識はその逆にいってしまいがち。「私にもできたんだから」と言われても、「それはあなただからできたんでしょ」となって、余計に落ち込んでしまうのです。

では、どうすれば状態を上げられるのか？

そのもっとも効果的で簡単な方法は……。

行動を変えればよいのです！

実は、**「体の動き」が「気分」に影響を及ぼす**ことがわかっています。

「行動で気分を作ること」が可能なのです。

私は研修でよく、参加者にこんなことを言います。

「さあ、それでは皆さん、信じられないくらいの笑顔を作ってみてください。せーの、はい！」

そう言って、思い切り笑顔を作ってもらってから質問します。

「どうですか、今、この瞬間に、心がイライラしている人、いますか？　先週のお客からのクレームのことを思い出して腹が立つ人、いますか？」

そんな人、いないんですね。

脳は、基本的に1度に1つのことしか処理できませんので、顔が笑っているとき、人はイライラできないんです。

この体験をしていただいたあとで、「今からまた、とても大切なことを伝えます。皆さん、メモしてください」と注意を促してから、こう伝えます。

「状態は、理性に従うとは限らないが、行動には必ず従う」

前書、『電話だけで3億円売った伝説のセールスマンが教える お金と心を動かす会話術』でも紹介していますが、実はこれ、人間行動心理学において、20世紀最大の発見と言われている概念なのです。

「笑う門には福きたる」っていいますよね。まさにそのとおりで、「福がきたから笑う」のではなく、**「笑うから福がくる」**のです。

同じように、ユダヤにはこんな格言があります。

「腹が減ったら歌え、悲しかったら笑え」

これも、**行動することで、状態を上げる知恵**です。昔から伝わることわざって本当にすごいと思います。

というわけで、口角を上げるとか、元気な声で挨拶をするとか、**状態が上がる行動を取れば、「状態は行動に必ず従う」のですから、必然的に状態が上がる**のです。

私は、「どうしたら浅川さんみたいに楽しんで仕事ができるようになれますか？」と聞かれたとき、こう答えるようにしています。

「そんなことを頭で考える前に、笑って仕事をすれば楽しくなります」

いかがですか。

これらのことから、私は「**状態は自分で管理するもの**」だと考えています。**トップセールスというのは、「状態を上げる行動をすることによって、状態を自分で管理した結果、トップに立っている人」**であると考えています。

よく、トップセールスになる人は、トップに立つ前から、「アイツはいつか必ずトップになる」なんて周りから言われるものです。

それはやはり、朝の挨拶が元気だったり、口角がしっかりと上がった笑顔だったり、胸を張った歩き方だったり、自信に満ちた言葉使いだったり、そんな行動の1つひとつが、状態を上げるものになっているから、それが周りに伝わっているわけですね。

余談ですが、プロ野球選手が、バッターボックスに入る前にいつも同じ仕草をしたり、ラグビーの五郎丸選手がボールを蹴る前に独特のポーズをしたりする仕草のことを「プリショットルーティン（打つ前のルーティン）」と呼びます。これも、そういう行動を取ることで、状態をコントロールしているのです。

「ガチャ切り」されても落ち込まない方法

「状態は、理性に従うとは限らないが、行動には必ず従う」

このとんでもない法則を知ってからの私は、たとえ**電話営業でガチャ切りをされても、まったく落ち込まなくなりました。**

なぜなら、**ガチャ切りされたら笑うようにしていた**からです。

これはまったくもって効果バツグンのワザでした。

こちらが話している途中で、突然、相手が電話を切ったら、こんな感じ。

「**オッホッホッホッホッ！　なにがあったんでしょうねぇ**」

私の隣にいた人は、さぞ、気味が悪かったことでしょう。

でも、こうすることで、私は、**ガチャ切りされるたびに気分が上がっていました。**

ガチャ切りの直後に電話した相手から、「あなた、なんだか声が明るいわね」と言われたこともあります。

それに対して、**「ありがとうございます。僕、この仕事が天職だと思っているんです！」**なんて答えると、面白いヤツだと思ってくれるのか、話を聞いてくれることがよくありました。

ちなみに、この「天職」という言葉も、強烈に状態を上げてくれます。私の周りで成功している方たちは、共通して「今の仕事は自分にとって天職」と口にされています。

人は誰だって、状態の高い人、明るい人と付き合いたいし、話していて気分が落ち込んでくるような人とは関わりたくありません。

断ったにもかかわらず、相手から**「わかりました。今回は残念ですが、またなに**

かあったら連絡させてくださいね！」なんて、さわやかな声で言われたら、どうでしょう。

「あれっ？　この営業、ちょっと違うぞ」と思うのではないでしょうか。

いっぽう、同じ電話営業でも、売れない人は、ガチャ切りされたときに、笑うどころか、大きなため息をついたり、中には、周りに聞こえるくらいの舌打ちをしたりする人もいました。

そんな「行動」をしていたら、さらに「状態」が低くなって、悪い「結果」を招きます。その悪い「結果」によって、悪い「自己イメージ」が増幅して、またさらに「状態」が悪くなって……と、どんどん負のスパイラルに落ちてしまうのに。

そういう行動を取る人は、そこがわかっていないのです。

相手は、あなたの数字を知らない

お客様先への訪問では、相手はあなたの態度、話し方、立ち振る舞いをすべて直接に見て、感じることができます。

つまり、あなたの「状態」は、相手に丸ごと、伝わってしまう。ですから、何となく元気がない、自信がないような営業から、買ってくださるわけがないのです。

あなたが「買う立場」だとしたら、やはり、「どうせ買うなら、元気があって、堂々としていて、自信に満ち溢れた営業から買おう」と思うのではないでしょうか？

状態が低いだけでも売れないのに、中には、お客様の同情を引こうとしているのでしょうか。自分から「今、売れていないんです」とか「今月の売上目標に未達で」なんて、とんでもないことを口にする営業がいます。

お客様は、あなたの数字なんて、いっさい知らないし、知りたくもありません。

なのに、自分から、「自分の状態の低さ」をお客様に伝えてしまっている。

これでは売れるはずがありません。

お客様と接するときは、それこそ、ウソでもよいから明るく、元気よくしましょう。

そうすれば、自然と状態が上がり、それがお客様にも伝わります。

私は、昔も今も、お客様と会う直前には、**「さあ、これからお会いするお客様に、圧倒的な勇気と気づき、そして感動をご提供しよう」**と気合いを入れて、胸を叩いてからお目にかかるようにしています。そうやって、状態を上げてお目にかかるのです。

かつて、支店長をやっていたときには、午後2時くらいになると、支店員たちに**「さあ、みんな！　立って、立って！」**と声をかけ、**「今から、僕の手拍子に合わせて深呼吸して！」**と、全員の気分を上げるリフレッシュタイムを設けていました。

ちょっとしたことですが、それだけで、電話をかける声のトーンが上がり、よい結果につながりました。

状態を保つ秘訣は、「パフォーマンスの振れ幅」を知ること！

ここまでで、営業は、行動によって自分の状態を上げることが、よい結果につながるということを、わかっていただけたと思います。

しかし、現実はそう簡単ではありません。

「でも浅川さん、実際問題として、月末が近づいているのに1件も契約が決まらずに売上のノルマ達成が危うくなってきたら、状態を上げるもクソもありませんよね……」

はい、その気持ち、よくわかります。

私も営業に成り立ての頃は、「月の半ばを過ぎたのに、契約がまだ1件も決まらない！　どうしよう……」という状況に陥ったことも1度や2度ではありません。

そこで、「自分の状態を保つため」のとっておきの秘訣《ひけつ》をお伝えしましょう。


それは、**「自分のパフォーマンスの振れ幅を知る」**ことです。


私は、この「自分のパフォーマンスの振れ幅」をつかんでからというもの、たとえ、契約ゼロのまま月の半ばになっても、不安にならなくなりました。

パフォーマンスの振れ幅とは、たとえば、**「自分の電話営業の力から考えれば、100本電話すれば1件は面談のアポを取れる」**とか、そういう確率のことです。

当時、私は「数をこなす」ことで、**「お客様に10件プレゼンができれば、そのうち4件は契約までいける」**という「自分のパフォーマンスの振れ幅」をしっかりとつかむことができました。

そのおかげで、月の半ばを過ぎて契約がゼロでも、**「月末までに、プレゼンの予定が8件あるから、3件くらいは契約までいけるはず」**と、心の余裕を保つことができたというわけです。

かつて、イチローさんがメジャーリーグで大活躍していた頃のこと。

ある記者が、「イチロー選手とほかの選手の決定的な違いは何ですか？」と質問したことがありました。

これに対して、当時のイチロー選手はこう答えたのです。

「そうですね。4打数ノーヒットで迎えた5打席目のワクワク感ですね」

聞いた瞬間に、私はバリバリッと体に雷が落ちたかのごとく感動しました。

この言葉、ほとんどの方にとっては、「えっ？　なにを言っているの？」かもしれませんね。質問した記者もポカンとした顔をしていました。

イチローさんのこの言葉は、まさに、**「自分のパフォーマンスの振れ幅」をつかんでいる人だからこその言葉**なのです。

つまり、イチローさんは「自分は、3打席に1回はヒットを打てる」という自分のパフォーマンスの振れ幅をしっかりとつかんでいて、そういう自己イメージができあがっているのです。

その自己イメージで考えれば、**4打数ノーヒットで迎えた5打席目は、もうヒットが出るに決まっています。だから、打席に入る前からワクワクが止まらない**と、そういう意味なのです。

でも、自分以外のバッターは、「4打席ノーヒットで、今日は絶不調だな。それなのにもう1打席回ってきてしまった」と、テンション低めの打席になってしまう。これが、「自分とほかのバッターの最大の違い」だと思うというわけです。

当時、営業における「パフォーマンスの振れ幅」を意識して活動していた私にとっては、まさに「我が意を得たり」でした。

「ああっ、イチローがパフォーマンスの振れ幅について話している」と、大感動したのをよく覚えています。

「月末は浅川祭りですから！」

イチロー選手の言葉を聞いて、「自分のパフォーマンスの振れ幅をつかむことの意義」にさらに確信を持った私は、自分の電話営業について、「何本電話をかければいくつの面談アポを取れるか」「プレゼンを何回やればいくつ契約を取れるか」など、細かな記録、そして分析を続けました。

そして、こうした管理・分析を続けたことで、私は、前述のように、「自分のプレゼンにおける契約の確率は10分の4」だということをつかむことができたのです。

自分は10回プレゼンができれば、4件は契約が取れる！

この「**パフォーマンスの振れ幅**」**をつかめたことが、どれほど大きな精神**

的支柱になったことでしょう。

たとえば、月の半ばまでに10回もプレゼンしたのに契約がゼロというとき。

ほかの営業だったら、そんな状況に陥ったら、「今月はもうダメだ」とパニック状態になるところでしょう。

しかし私は、自分のパフォーマンスの振れ幅をつかんでいましたので、**「たまたま、10件連続で契約にならなかったけれど、月末までにあと10件プレゼンすれば4件は契約を取れるはず。もしかしたら、前半で取れなかった分、後半は契約の確率が上がって、5、6件、契約できちゃうかも」**という考え方ができたわけです。

ですから、月の半ばまで契約がゼロで、部長から「浅川、今月はどうした？」と心配されても、**「部長、期待していてください。月末は浅川祭りですから！　これからもう全部、契約です！」**なんて返していました。

まあ、たまに月末までパッとしない月もありましたが、そんなときは、ニッコリ微笑んで、「祭りは来月でした」と（笑）。

このように、**「自分のパフォーマンスの振れ幅」をつかんでいれば、もう個々の結果にその都度、一喜一憂しなくて済むようになれる**のです。

入力管理の重要性を知る

自分のパフォーマンスの振れ幅をつかむために大切なことは、単に行動を積み重ねるだけでなく、前述のように、その経験を入力し、管理・分析することです。

これがなければ、いくら数をこなしても、ただの根性論になってしまいます。

たとえば、私の場合は電話営業でしたから、時間ごとの電話をかけた本数、ターゲット本人が電話に出たか出なかったか、コンタクト数、アポ数、プレゼン回数など、細かく入力管理しました。

参考までに、86〜87ページに、当時、私が使っていた管理表のフォームを掲載いたしますのでご覧ください。

このように自分の電話営業について、いちいち細かく管理していた営業は、私以外にはほとんど皆無でした。偶然に私の管理表を見た先輩営業が、「浅川君すごいね。各ターム（当時、電話をかける時間は、「10時半～12時半」「14時～16時半」「18時～21時」と、３つのタームに分かれていました）のコール数とコンタクト数まで数えているんだ」と驚いたほどです。

こうした管理・分析は、父の知人である韓国人社長のもとで社長秘書をやり、徹底的に鍛えられたおかげだと思います。そして、先輩たちの姿を見て、「そうか、ずっと営業の仕事をやってきた人たちは、こういう管理・分析をやらないんだな」と思ったものです。

私のこの「タームごとの管理分析」が契約件数アップにつながった面白い話があります。

３つのタームの中で、２つ目のタームである14時～16時半という時間帯は、相手になかなか電話がつながらない時間と言われていました。上司が朝礼で、「この時間は電話がつながりにくい」と言ったこともあるくらいで、みんな、そう信じ込んでいました。ですから、ほとんどの営業は、この時間帯にはあまり電話をかけず、資料作りをしたりしていて、はっきり言えば「手を抜く時間」にしていたのです。

でも、私は自分で作った管理表を見て思いました。

「いや、このターム、決して相手につながりにくい時間帯ではないのでは？」

事実、管理表を見ると、コンタクトできている回数は決して少なくなかったのです。

ただ、「今、会議中だから」「これから外出するから」などと言われることが多く、正しくは、**「電話がつながらない時間帯」ではなく、「話をすることができない時間帯」**だということに気がつきました。

そこで私は、ほかの営業が電話しないこの時間帯に、ここぞとばかりに電話をかけました。

そして、**「21時以降の電話のアポ」を取りまくった**のです。

営業電話をかける3つのタームの最後は、「18時～21時」。21時でタームが終了するのは、実は法律上、21時以降のファーストコンタクトの営業電話がNGと決められていることが理由です。

でも、それはあくまでファーストコンタクトの営業電話の話。事前に「○時にまたお電話します」とアポを取った電話なら21時以降でもオーケー。

私は、それを狙って、第２タームに「21時以降の電話のアポ」を取りまくったというわけです。

こうして私は、21時以降に、売れない営業たちがもう電話をできなくなって指をくわえている横で、電話をかけ続けることができたのです。

私がこんな盲点に気づけたのも、すべて、１つひとつの行動をデータ管理していたからです。見込み客リストにやみくもに電話をかけているだけだったら、ほかの営業と同様に、「この時間（第２ターム）に電話をかけても仕事にならないな」で終わっていたことでしょう。


行動して数をこなすことの次に大切なのは、数をこなすことで得られた貴重な経験を入力管理し、データとして活かすことです。

そうすることで、「自分のパフォーマンスの振れ幅」を正確に知ることにもつながるのです。

目標達成行動・要因指標

コール数 実績	コンタクト数 実績	コンタクト数 (コール数から)	アポ獲得数 実績	アポ率 (コンタクト数から)	実施プレ数 実績	アポプレ率	成約率
320	12	3.8%	1	8.3%	1	100.0%	0.0%
334	10	3.0%	2	20.0%			
383	18	4.7%	2	11.1%	2	100.0%	50.0%
289	22	7.6%	3	13.6%	2	100.0%	0.0%
1,326	62	4.7%	8	12.9%	5	100.0%	20.0%
340	11	3.2%	3	27.3%			
221	12	5.4%	2	16.7%	1	50.0%	0.0%
218	21	9.6%	2	9.5%	1	50.0%	100.0%
330	18	5.5%	1	5.6%			
321	21	6.5%	2	9.5%	1	50.0%	0.0%
208	19	9.1%	2	10.5%	2	66.7%	50.0%
1,638	102	6.2%	12	11.8%	5	55.6%	40.0%
210	20	9.5%	2	10.0%			
380	21	5.5%	2	9.5%	1	100.0%	0.0%
254	25	9.8%	1	4.0%	3	100.0%	33.3%
289	18	6.2%	3	16.7%	1	33.3%	100.0%
290	27	9.3%	2	7.4%	2	66.7%	0.0%
1,423	111	7.8%	10	9.0%	7	70.0%	28.6%
412	11	2.7%		0.0%			
300	9	3.0%		0.0%	2	66.7%	50.0%
290	17	5.9%	2	11.8%	1	33.3%	0.0%
334	19	5.7%	1	5.3%	2	100.0%	0.0%
350	18	5.1%	2	11.1%	3	75.0%	33.3%
1,686	74	4.4%	5	6.8%	8	66.7%	25.0%
179	3	1.7%	1	33.3%	2	66.7%	0.0%
57	5	8.8%	1	20.0%	1	50.0%	100.0%
236	8	3.4%	2	25.0%	3	60.0%	33.3%
6,309	357	5.7%	37	10.4%	28	68.3%	28.6%

管理表フォーム（例）

2月		本日アポ数	売上金額 計画	売上金額 実績	売上件数 計画	売上件数 実績	平均単価 実績
1	水	1					
2	木	休み					
3	金						
4	土	2		600,000		1.00	600,000
5	日	2	1,700,000		1.00		
		5	1,700,000	600,000	1.00	1.00	600,000
6	月						
7	火	休み					
8	水	2					
9	木	2		1,700,000		1.00	1,700,000
10	金						
11	土	2	2,400,000		2.00		
12	日	3	1,700,000	2,250,000	1.00	1.00	2,250,000
		9	4,100,000	3,950,000	3.00	2.00	1,975,000
13	月						
14	火	休み					
15	水	休み					
16	木	1					
17	金	3		1,200,000		1.00	1,200,000
18	土	3	1,700,000	1,700,000	1.00	1.00	1,700,000
19	日	3	1,200,000		1.00		
		10	2,900,000	2,900,000	2.00	2.00	1,450,000
20	月	休み					
21	火	休み					
22	水						
23	木	3		1,700,000		1.00	1,700,000
24	金	3					
25	土	2	1,700,000		1.00		
26	日	4	1,700,000	600,000	1.00	1.00	600,000
		12	3,400,000	2,300,000	2.00	2.00	1,150,000
27	月	3					
28	火	2	1,700,000	850,000	1.00	1.00	850,000
		5	1,700,000	850,000	1	1	850,000
合計		41	13,800,000	10,600,000	9.00	8.00	1,325,000

一般企業の営業活動では、なにを入力管理するか？

「電話営業ではなにを入力管理すればよいかわかりましたが、自分は、お取引のある会社にしか行かないルートセールスなので……いったい営業活動のなにを入力管理すればよいのですか？」

研修などでこんな質問を受けると、私はこんな回答をしています。

「お客様ごとの営業活動の進捗を入力管理するのは当然として、それ以外に、**お客様ごとの『季節変動』を入力管理するとよい**と思います」

お客様ごとの季節変動とは、いったいどういうことか。

たとえば、自分のお客様がスーパーだとすれば、「夏にはビールがたくさん売れる」とか、「冬には鍋物の材料がよく売れる」とか、そういう**季節ごとのニーズの変化**があるはず。それが「季節変動」です。

「営業研修」を商品にしている私の会社で言えば、どこの会社でも４～５月に新入社員研修をやりますから、３月になってからお客様に新卒社員向けの営業研修のプレゼンをしても遅いわけです。

これがもし、「このお客様は、毎年11月になると、来年度の新卒社員研修について検討を始める」とわかっていれば、10月には営業をかけなくてはならないとわかります。

このように、お客様ごとの年間スケジュールみたいなものを把握し、それに合わせて営業をかける。そして、「去年の夏はこの時期にこれだけビールが売れた」とか、「○月○日に次年度の新卒営業研修について営業をかけてみたら、担当者から『そろそろ計画を考えていたんだよ』と言われた」など、細かな情報を入力し管理する。

それが自分にとって貴重な財産になるのです。

「脳になにをインプットするか？」が天国と地獄の分かれ目

自分のパフォーマンスの振れ幅を知るためには、「行動の入力管理」が重要であるという話が出たところで、この「入力管理の重要性」について、もう少し触れたいと思います。

というのも、この考え方は、私の人生を大きく変えてくれた考え方だからです。

まず、脳に関する重要な特性を2つ。

「脳は、入力したものしか出力しない」

「脳は、自分で出力したものを自分に再入力して、どんどんできあがっていく」

どういうことかというと、**「脳は、インプットされたものによって、どんどん変化する」**ということです。

たとえば、ここにウーロン茶が入ったペットボトルがあるとします。

そのペットボトルのフタを開けて、どんどん水を入れていったら、中のウーロン茶はどうなりますか？　ウーロン茶の色はどんどん薄くなって、最後には、透明になり、中身はすべて水に変わってしまいますよね。

脳もこれと同じで、なにをインプットされ続けるかによって、中身はよくも悪くも変化してしまうということです。

営業で言えば、「セールスにおける成功ストーリーをどれだけ入力するかが、希望になるか、失望になるかの分かれ目になる」のです。

もし、成功ストーリーではなく、失敗ストーリーばかりがインプットされれば、脳には「そういうものか」という考えが定着してしまいます。

このことを知ってから、私は「売れない営業」とは会話をしない……どころか目も合わせないようにしました。

逆に、成功ストーリーについては、積極的に先輩から体験談を聞くなどしました。**自分で自分の脳にインプットされる情報の内容を管理するようにした**わけです。

自分の脳になにをインプットするか？

ぜひ、意識するようにしてください。

第2章では、よい結果を出すためには、まず「状態」が大切だということ、状態を高くするには、行動して、データを入力管理し、「自分のパフォーマンスの振れ幅」を知ること、そして、「自分のパフォーマンスの振れ幅」を知れば、メンタル面でも落ち込まなくなるというお話をしました。

次の章では、あなたの心をさらにタフにするための魔法の手法、「リフレーミング」についてお話ししたいと思います。

第3章

「リフレーミング」を活用して、メンタルを安定させる

事実は1つ、解釈は無限

私の人生観を変えてもらったと言っても過言ではない、ナポレオン・ヒル博士の教えに、こんな言葉があります。

「事実は1つ、解釈は無限」

どういうことかというと、まったく同じ1つの事実でも、ポジティブな人とネガティブな人とでは、まったく解釈が異なる。解釈は人によっても違うし、自分でいくらでも解釈を変えることができるということです。

たとえば、片思いの相手と偶然に目が合って相手が目をそらしたとき、「あっ、自

分は嫌われている」と思う人もいれば、「あっ、恥ずかしがって照れている」と思う人もいる。どっちの解釈をするかは、その人の自由。あなたはどっちの選択をしますか？　ということです。

この言葉は、私を救ってくれた言葉でもあります。

「実家のスーパーが倒産して、その借金を肩代わりすることにした」という事実は1つしかありません。

しかし、その事実について、「どうして自分だけこんな目に遭わなくてはならないのか？」と考えることもできるし、「実家のスーパーがつぶれたことによって、自分は自由になれた！」と解釈することもできます。

たしかに、考えてみれば、私の中に、2人の自分が同時に存在していました。1人は、「周りのみんなは、普通に就職しているのに、自分は……」と思う自分。もう1人は、「近くに大手のスーパーができたためにお客を奪われて、1日の売上が5千円の日もあるというお店で、ずっと店番なんて耐えられなかった。だから店がつぶれてくれてよかった」と思う自分です。

つまり、私という1人の人間の中に、1つの事実に対して、ネガティブとポジティブの正反対の解釈をする自分が同居していたんですね。

ナポレオン・ヒル博士は、そのどっちの自分を選ぶかを決めるのもまた自分であり、**その選択によって未来が変わる**ことを教えてくれたのです。

そこで私はこう解釈することにしました。

「実家のスーパーがつぶれたおかげで借金を背負い、退路のない状態で営業の世界に飛び込むことになったのは、自分に『なにが天職か』を気づかせてくれるために神様が仕組んでくれたことだ。自分は、営業の神様に選ばれた人間なんだ!」

いや〜、我ながら都合のよい解釈です。でも、なにしろ「解釈は無限」なのですから、私がどう解釈しようが、まったく問題はありません。

あなたも、「事実は1つ、解釈は無限」という言葉、ぜひ、胸に刻んでください。

「解釈の仕方」はPMAとNMA

前の項で、1つの事実に対する「解釈は無限」とお伝えしました。
解釈は無限なのですが、その「解釈の仕方」について言えば、ナポレオン・ヒル博士は次の2つに分けています。

◉PMA（Positive Mental Attitude）
事実を、前向き、積極的、生産的、未来志向で解釈する。

◉NMA（Negative Mental Attitude）
事実を、消極的、破壊的、非生産的、後悔的に解釈する。

文字どおり、ポジティブ解釈とネガティブ解釈ですね。

1つの事実を、PMAで解釈するか、NMAで解釈するかは、何度も言いますが、自分次第です。

実家が倒産したという、普通に考えたらネガティブな事実について、私が、「おかげで自由になれた」「営業という天職に出会えた」と、ポジティブに解釈したように、ある事実に対する**解釈の仕方を変えることを「リフレーミング」**と言います。

「リ」は「リターン」とか「リメンバー」の「リ」、「フレーミング」は、「フレームに入れる」ということ。つまり、**「フレームを新たにする」**というような意味です。

実はこの「リフレーミング」をうまく活用し、**NMAをPMAに変えることが、営業の人にとってメンタル面を安定させることに、おおいに役に立つ**のです。

セミナーの日に、頭に鳥のフンが落ちたら

69ページでもご紹介したユダヤの格言。

「腹が減ったら歌え　悲しかったら笑え」

この格言は、まさに「リフレーミング」についての言葉です。

「**真逆の行動を取ることで、ポジティブな方向へリフレーミング**してしまえ」と言っているのですね。

ユダヤの格言には、このような「生きるための知恵」が満載です。

もっとすごい、こんな言葉もあります。

「足の骨を折ったら、首の骨でなかったことを喜べ」

すごいリフレーミングですね。たしかに、首の骨だったら死んでいますから、足の骨で感謝です。

このように、リフレーミングを使えば、災難も幸運に変化させられます。

私の体験です。

今から何年か前のこと。講演会場に向かっている最中に、鳥のフンが頭に落ちてきたことがありました。

「うわっ、最悪！　これから講演で舞台に立つのに！」

普通なら、そう考える（解釈する）ところです。

でも、私には、もうＰＭＡが染みついているので、瞬時にこう考え（解釈）しました。

「うわっ！　これはツイてる。これをオープニングトークのネタにしよう！」

思っただけではありません。実際、私は講演会のつかみでこう言いました。

「皆さん、世の中には、たくさんのセミナー講師がいますけれど、皆さんは今日、おそらく決定的に運が強い講師と向き合っていると思います。なにしろ私、今日、午前中に鳥のフンが頭に落ちてきましたから」

これで会場はドッカーンと大ウケでした。

いかがですか？　どんなアクシデントも、リフレーミングを使えば、「よい出来事」に変えることができるのです。

電話営業で「ノー」と言われたときに

私は、電話営業をやっていたとき、この「リフレーミング」を活用していました。

たとえば、お客様にノーと言われて断られたとき、「もう、本当はイエスって言いたいくせに、浅川を試すなぁ」って、リフレーミングして、「本当はイエスって言いたいんですよね」なんて言っていました。

私からそんなことを言われた相手は驚いて聞き返します。

「えっ？　なんでですか？」

「だって、今、この瞬間の2人の関係は、親指1本で電話を切れば終わるんですよ。でも、それをやらないじゃないですか」

「あっ、たしかに」

プツッ。ツー、ツー……。

と、すぐに切られたことが2回だけありました。

でも、20万回分の2回です。はっきり言ってこれは統計学上の誤差の範囲！

私が「電話を切らないじゃないですか」と言うと、ほとんどの方は「そうか、そうですよね、切らないもんね。どうして切らないんだろう」と、潜在意識ではイエスと言いたい自分に気づいてくれるのです。

それから、電話口で、**はっきりと断ってくださったお客様には感謝**していました。

だって、やる気もないのに、「考えておきますね」なんて返事をされて、時間延ばしをされて、結局は断られたら、お互いに時間の無駄です。「1週間、考えさせてください」と言われたら、こっちは1週間期待します。それで断られたら、その1週間、無駄な期待をしたことになります。

それを、その場で断ってくださるのですから、有り難い限り。

「お断りくださってありがとうございます！　お互いに時間を丁寧に使おうという

メッセージをいただき感謝します！」

私がそう伝えると、「あんた面白いね。やっぱりやるわ」と、言われたこともありました。

こういう、「普通なら落ち込むようなとき、逆に喜べるようになれ」ということを、ブライアン・トレーシーは「**逆変質症患者になれ**」という言葉で表現しています。

この表現が今の時代に合っているかどうかは別にして、そういう体質になれれば、もう落ち込まなくて済みます。

2時間もいい感じで話をした相手からお断りされても、**「2時間前までまったく見ず知らずだった私の話を、2時間も聞いてくれたなんて、感謝しかない」「本気で悩んでくれてありがとう」**と思えるようになります。

私は、そのように、どんなときもリフレーミングできるようになってからは、お断りに対しても落ち込むことがなくなりました。

リフレーミングを使えば、このように、**心をしなやかにすることが可能**なのです。

勝手に期待して、勝手にがっかりしているだけ

よく営業の人が、「あのお客、ずっとその気になっているような素振りだったのに、最後の最後にキャンセルって、それはないよな」なんて言っているのを耳にすることがあります。

そういう言葉を聞くと、私はいつもこう思います。

「**それって、あなたが勝手に期待して、勝手にがっかりしているだけだよね**」

2022年のサッカーワールドカップ・カタール大会でのこと。

日本代表チームは、初戦で強豪ドイツから大金星をあげました。正直、まさか勝て

ることは思っていなかった試合に勝てて、にわかサッカーファンたちは、「今年の日本代表チームは違う！」と大喜び。ところが、続く試合で、格下のコスタリカに1対0で負けた途端、手のひら返しで、「せっかくドイツに勝ったのに、なにをやっているんだ！」と、今度は批判が殺到しました。

そのとき、サッカー解説者の松木安太郎さんが、こんなことをおっしゃったのです。

「（今の状況は）考え方によっては、強豪ドイツに敗れて、コスタリカに勝ったという状況と同じだから、これで十分。もともと、試合前は、それを狙っていたわけですから上出来！　もう後ろは振り返らない。次に向けて精いっぱい努力することが大事」

この言葉。まさにそのとおりだと思いました。「考え方によっては」と、痛い敗戦を、ものの見事にリフレーミングしています。

松木さんの言葉のとおり、そもそも、強豪ドイツに勝って、周りは**「勝手に期待」**したただけのこと。そして、コスタリカに負けて、今度は**「勝手にがっかりしている」**だけのことなんです。

キャンセルになって、相手に対して、「期待させやがって」と不満を言っている営業も同じ。**その期待は、あなたの勝手な思い込みですから！**

プレゼンがうまくいって、お客様も乗り気で、「これは絶対に契約してくれる」と思って、契約書を持って行ったら相手の態度がコロッと変わっていて、キャンセルになってしまう……。そんなこと、営業にとっては「よくあること」です。

ですから、「次で絶対に契約が決まると思います」なんて言っている社員がいると、私は、「勝手に期待して勝手に盛り上がっているけど、今、言っているお客様が全部ダメになっても、気分は落としちゃダメだよ」と伝えるようにしています。

人間ですから、やっぱり気分の浮き沈みはあると思います。

でも、その振れ幅はできるだけ小さくして、**「迷ってくださってありがとうございます」と、そんなふうに心から言える営業になってほしい**と思っているのです。

60回、つながらなかったお客様

電話営業で、とてもよい感じで話をしたのに、資料を送ってから電話をかけると、呼び出し音は鳴っているのになかなか電話に出てもらえず、その後、日時を変えて電話をしても、60回連続で電話に出てもらえなかったお客様がいました。

周りからは「このお客様、もう無理なんじゃないですか?」と言われましたが、私は「いや、きっと相手は僕からの電話を待っているはずだ。もしやる気がなくなったなら、着信拒否にするはずだし、迷惑に思っているなら、『もう、いい加減にしてください!』という電話がくるはず。それがないということは、たまたまタイミングが合わなくて電話に出られないだけだ」と、ずっと電話をかけていました。

これも、一種のリフレーミングですね。

そうしたら、なんと61回目の電話で、相手が出たんです。

電話がつながった瞬間、私の口からは、思わずこんな言葉が出ていました。


「よかったー」


これは、私の心から漏れた本音の言葉でした。

いきなり私からそんなことを言われた相手は当然驚きます。

「はっ？」

「いや本当に申し訳ありません。実は、ずっと電話がつながらなくて、なにか事故にでも遭ったのかと思って心配していたんです」


聞けば、そのお客様は、私からの電話を避けていたわけではなく、本当に仕事が忙しくタイミングが合わなくて電話に出ることができなかっただけだったのです。

私が安否を心配していたことを知ると、「あっ、すみません」と言ってくださり、その電話で契約をいただきました。

もし、私が「60回電話をかけてもつながらなかった」という事実に対して、ＰＭＡではなくＮＭＡで解釈して、「60回も電話をして1回も出てくれないということは、自分を避けているに違いない」と勝手に判断していたら……。

勝手に諦めて、勝手に電話するのをやめているところでした。

実際には、相手は私からの電話がつながるのを待っていたのに……。

前の項で、勝手に期待するなかれというお話をしましたが、こちらは、「勝手に諦めるなかれ」という1つの例ですね。

若者たちの「解釈」が変化している

最近、若い新入社員の人たちへ営業研修をしていると、感じることがあります。
それは、若者たちの「感謝」の基準がリフレーミングされて、変化しているのではないかということです。
新卒営業研修で、「今、感謝できることって何ですか?」と質問すると、多くの新卒たちからこんな回答が返ってきます。

「こうやって、仕事に就けたことです」

よくよく聞いてみると、やはり、新型コロナの影響もあって、大学の同期が、就職

できなかったり、内定取り消しにあったりしているとのこと。

だから、**「こうやって仕事があって、会社に研修を用意してもらっていることが有り難いです」**と。

誤解を恐れず言えば、私が就職した頃は、「就職するのが当たり前」でした。

しかし、最近の若い人は、「就職できたことは、決して、当たり前ではない」というフレームなのです。

考えてみれば、新型コロナによって、「大学に通うこと」すら「当たり前」ではなく、多くの企業が採用を縮小するなどがあったのですから、「感謝の基準」がリフレーミングされたというのもよくわかります。

そんな彼らを見ると、自分が就職活動をしていた当時のことを思い出します。

私は、まさに、就職活動に失敗して、同期たちが企業にどんどん就職していく姿をうらやましく思っていた側の人間でした。

韓国人社長に拾っていただいて社長秘書になったときは、「名刺を持てたこと」だけでも感動しました。電話営業になってからも、会社が与えてくれる「顧客候補リストに電話をかけられる」ということが、それだけで有り難いと感謝したものです。

そんな経験をしていますから、営業研修で、「営業がつらい」と言っている若者がいると、こんな話をするんです。

「営業がたいへんだという皆さんの気持ちを、私は決して否定はしません。私にもそういう時期があったのでよくわかります。ただ、ここでちょっと視座を高くして周りを見てほしいのです。皆さんと同い年の人で、就職できなかった人はいませんか？　働きたくても働くことができず、名刺を持ちたくても持つこともできない人はいませんか？　それに比べ、皆さんは仕事があるし、名刺だって持っている、訪問するお客様もある。そう思うと、少しだけ豊かな気持ちになれませんか？」

こう言うと、それまで悩んでいた人たちの目の色が変わることがよくあります。

私の言葉で、「**仕事がつらい**」**という解釈が、**「**仕事があるだけで有り難い**」**という解釈にリフレーミングされた**というわけです。

コロナ禍における、リフレーミング

新型コロナによって、若者たちの「感謝」の基準がリフレーミングされた話が出たついでに……というわけではありませんが、ここでコロナ禍において、私の会社がやったリフレーミングについて紹介いたします。

２０２０年。

私の会社が、法人を対象とした研修事業に本格的に参入して2年目のその年のはじめ。

2月から9月くらいまで、私のスケジュール帳は、研修やセミナーの予定で真っ黒でした。

内心、「今年度の売上は間違いなく過去最高になる」と、確信をしていたのです。

ところが……そこに現れたのが新型コロナウイルスでした。


1月にかかってくる電話は、そのすべてがキャンセルの電話でした。

真っ黒だったスケジュール帳は、見る見る修正テープでガビガビに（この手帳は、今ではよい記念になっています）。

気がつけば、8月までの契約はものの見事に全部が飛んでしまいました。

史上最高の売上をあげる予定が、なんと、一気に見込み収入ゼロ円になってしまったのです。

「キャンセルする側もたいへんなんだから、ここでキャンセル料をいただくのはやめよう」

社員たちには、そんな強気の宣言をしましたが、さすがの私も寝つきが悪くなり、お酒の量も増え、ストレス食いから体重も5キロ増。さて、どうしたものかと考えました。

最初にやったのは、現状を正しく把握することです。

社内にあるキャッシュと毎月出ていくお金、そして、売掛金の回収（7割と仮定）をキャッシュフローにまとめた結果わかったのは、**「10月くらいまでは、売上がゼロでも、なんとかいける」**ということでした。

ここで、リフレーミングです。

この最悪の事態を、どうPMAで解釈するか？

まず、社員たちに、「10月までは1円も売れなくても大丈夫」だという事実を伝えて安心してもらい、こんな指示を出しました。

「今はジタバタせずに、10月以降のアポを取ろう！」

いたずらに不安がらず、今、やれることをやろうと伝えたのです（まあ、10月以降も新型コロナがこの状況だったら知らんけど……くらいに腹をくくりました）。

そして、**キャンセルを「決めてくださった」**お客様には、すべて、私が大好きな本と、その本の解説動画、そして、直筆の「また、よろしくお願いします」という内容の手紙を送りました。

また、社内的には、「伝染病という敵を正しく知ろう」という思いから、私の愛読書の1つ、アルベール・カミュの『ペスト』を読む「哲学の時間」と称する読書会を実施。注文がない中、できることに取り組んだのです。

「せっかく埋まっていたスケジュールが全部飛んでしまった！　悔しい！」と考えるのはNMA。しかし、ここで、**「せっかくスケジュールが飛んだのだから、予定が詰まっていたらできなかった、未来へ向けてできることをやる時間にしよう！」**と考えれば、PMAでリフレーミングされます。

私はここでもう1つ、未来への布石を打つことにしました。

それまでは、対面式の研修にこだわっていましたが、思い切ってオンライン研修を行うための機材を買いそろえたのです。

しかも、原資が減る中、かなり奮発して本格的な機材を購入し、その使い方をしっかりとマスターしました（なにしろ時間だけはありましたから）。

そんな準備をしていたら、10月に1本の問い合わせ電話がかかってきたんです。

「浅川さんのところは、オンラインでの営業研修もいけるんですか？」

私は待ってましたとばかりに即答しました。

「はい！　もちろんです！」

この電話で、コロナ禍の真っ最中に、50人のリモート研修が決まりました。

それが実績となり、その後、立て続けにリモート研修の仕事が決まって、業績は一気にV字回復したのです。

思えば、東京から遠く離れたお客様に対しても、簡単に営業研修を実施することができるようになるきっかけにもなったわけで、「禍《わざわい》を転じて福となす」とはまさにこのこと。

これも、**最悪の状況のときに、腐らずに、ＰＭＡで「リフレーミング」し、前向きの行動をしたおかげ**です。

ブライアン・トレーシーが言うところの「逆変質症患者」になったことで、未来が好転したのです。

「成功体験がない人」なんていない

ある証券会社で入社1～2年目の電話営業の人たちを対象にした研修をやったときのことです。参加者の1人が、**「自分はまだ契約を取ったことがないので、成功体験がない」**と発言したことがありました。

この言葉を聞いた私は、ほかの参加者に尋ねました。

「今、自分はまだ契約を取っていないから成功体験がないという発言がありましたので、ちょっと考えてみましょう。ほかにもそんなふうに考えている人はいますか？」

すると、何人かが挙手します。

「ありがとうございます。では聞きます。今は皆さん、営業電話をかけていますけど、そもそも、大学のときに、知らない人に電話をかけることなんてありましたか？」

参加者全員が「大学のときにそんなことをするはずがない」という顔をします。

そこで、続けてこう言いました。

「それなのに、今、知らない人に電話をかけて、10分も話をできるって、奇跡じゃないですか！　そんなことができるようになった自分を承認してあげましょうよ！」

この言葉を聞いた参加者たちは、一瞬にして、「おおっ！」という顔になって、目の輝きが変わりました。

彼らの中で、リフレーミングが起こったんですね。


営業の仕事って、つい、「売れた」か「売れない」かという、「100」か「0」かで見てしまいがちです。

でも、契約に至るまでには、いくつものステップがある。

その1つひとつをクリアするたびに、評価し、喜ぶことが実は大切です。

「昨日までは言えなかった言葉を言えるようになった」

それだけでも、立派な成功体験。

だから**成功体験がない人なんていない**のです。

私の会社では、よくこんな会話が交わされます。

「このトーク、言えた？」

「いえ、忘れていて言えませんでした」

「オーケー、じゃあ、どうやったら言えるようになるかな？」

「紙に書いて、パソコンの前に貼っておきます」

そうやって、次のときにそのトークをお客様に伝えることができたら……。

「言えるようになったね、すごいじゃん！　じゃあ、次のステップに進もうか」

このように、「結果」まで届かなくても、それに至るまでの過程に注目すれば、ちゃんと評価できる点が見つかります。ちなみに、こんな、部分部分に着目することを、ブライアン・トレーシーは、「**サラミ・スライス方式**」と呼んでいます。

「相手の立場になる」というリフレーミング

まだ私が電話営業をやっていた当時、だんだんと営業トークやテクニックも固まってきて、お客様との会話もイイ感じになることが多くなっていた頃のこと。

電話で20分とか30分とか、すごくよい感じで話をして、「それじゃ、資料を送りますので」「はい、浅川さん、待っていますね」という会話をして、いざ、次の電話をかけると、なぜか着信拒否になっている……。

そんな電話が増えた時期がありました。

私としては、「あんなに前向きに話を聞いてくれて、手ごたえもあったのにいったいどうして?」です。

仮にキャンセルされるにしても、せめて、直接に断ってほしいと思うのですが、連

絡がつきませんから、「これまで真剣に考えてくださってありがとうございました」という、最後のお礼を伝えることもできないのです。

自分では、そうなってしまう原因がまったくわからず、このときは、ほとほと参りました。

そこで私は、自分目線ではなく、**「徹底的に相手の立場になりきるというリフレーミング」**をしてみました。

そうやって、お客様の立場から解釈をしてみたら、突然、私からの電話に出なくなる相手の気持ちがわかったのです。

「浅川さんはあんなに熱心に勧めてくれたし、自分も乗り気になって会話がすっかり盛り上がってしまった。それなのにキャンセルなんて、とてもじゃないけれど言いにくい。いっそのこと、もう電話に出ないようにしよう」

キャンセルする理由は、「冷静に考えると、自分にはとても支払えない金額だと思った」「家族から猛反対された」など、人によってさまざまでしょう。
ただ、私からの電話を着信拒否にした理由は、「直接には断りづらい」という心理なのではないか……。

そんな仮説にたどり着くことができたのです。

リフレーミングによって、仮説ではありますが「電話に出なくなる理由」にたどり着いた私は、そうならないための対応策として、どんなに前向きになってくれている相手に対しても、電話の最後に必ず、次のようなトークを入れることにしました。

「今回はこれだけ盛り上がってお話をさせていただきましたけれど、もちろん、次のお話のときに必ずやってくださいというものではないので、そこは安心してくださいね。ちょっと話が盛り上がってしまって、断りづらいとか、そんな小さなことは気にしないで、自分にとって価値がないと思えば、お断りいただいて構いませんので。逆に、もしも、これはやるべきだな、前に進むべきだなって思っていただけたなら、次の電話のときに、できる範囲を一緒に考えましょうね」

私の仮説は、どうやら当たっていたようで、このトークを伝えるようにしてからは、突然の着信拒否はピタリとなくなりました。

あとから知ったことですが、これって実は「感じがよい営業あるある」だったようです。

考えてみれば、たしかに感じの悪い営業なら、けんもほろろに断れます。

でも、相手の営業の感じがよいと、なまじ会話が盛り上がったりして、あとからとても断りづらくなる。「だったら、もう電話に出ないようにしよう」と考えるというのは、冷静に考えれば非常によくわかる話です。

しかしこれなどは、「相手の立場になりきる」というリフレーミングをしなければ、当時の私にはまったくわからない心理でした。

「解釈の質」が人生を決める

第3章では、「リフレーミング」を活用すれば、同じ事実であっても、解釈が変わって、メンタルが安定し、よい方向へ向かうことができる、というお話を、たくさんの事例と共にさせていただきました。

ちゃんと伝わりましたでしょうか?

この章の最後に、実業家、著作家、講演家であり、「ツイてる」というフレーズで有名な斎藤一人さんが、講演会で披露していて、私が「なるほど!」と思った話を紹介させていただきます。

斎藤一人さん曰《いわ》く。

「いいかい、ツイてるツイてるって、言うよね。でもさ、俺だって、車を運転していて、いきなり後ろから突っ込まれたら、ツイてるなんて思わないよ。ひでぇなコノヤロウって、振り向くよ」。

この時点で会場は大爆笑です。

一人さんは続けます。

「ただ、ここからなんだよ。あっ、命が無事でよかったな。ツイてるなって思うよね。車がちょっと壊れたくらいでよかった、ツイてるって思う。だから、**ツイてるっていうのは、努力なんだ。ツイてるって思える人は努力家なんだ**」

私はもう、この言葉だけで斎藤一人さんのことを好きになってしまいました。

「ああ、そうか。この人はやみくもに天国言葉とか言っているだけの人じゃない。まさにＮＭＡからＰＭＡへという、解釈のリフレーミングをやっているんだ。解釈の努力をやっている人なんだ」と思ったのです。

私自身は、この「解釈」について、こう考えています。

「解釈の質が人生だ」

その人が、自分や自分の身の周りの出来事について、どんな解釈をするかという、**「解釈の質」こそが、その人の「人生の質」そのもの**である！

リフレーミングによって、同じ出来事をどう解釈するか？

それによって、「人生の質」が決まる！

その意味では、営業という仕事は、本当に解釈の連続です。

やはり、営業は、「心磨き」「自分磨き」になる仕事だと思うのです。

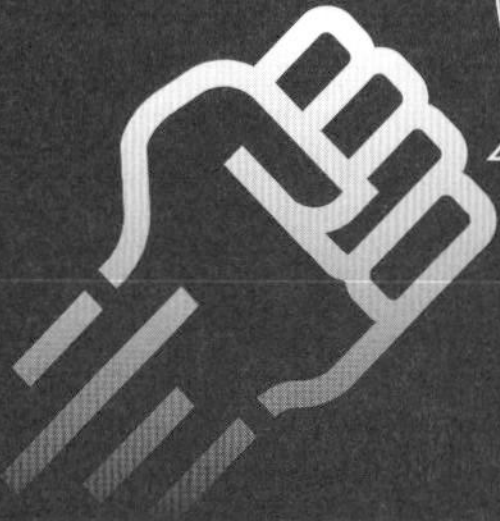

第4章

メンタルが強い営業、3つの「イメージ力」

一流アスリートの「成功の先取り体験」

この章では、「メンタルが強い（ように見える）営業の人たち」が、どんなイメージを持って仕事に取り組んでいるのか、そのあたりを、次の3つについてお話をしたいと思います。

●メンタルが強い営業のイメージ力

1　成功の先取り

2　宇宙貯金

3　一寸先は光

それでは、1つずつ説明していきましょう。

メンタルが強い営業のイメージ力、１つ目は「成功の先取り」です。

ここでちょっと考えてみてください。

スポーツの世界で、たとえば、オリンピックで金メダルを取ってしまうようなアスリートたち。彼らは、どんなイメージを持って、試合に臨んでいると思いますか？

彼らに共通して言えるのは、**「成功の先取り体験」をしている**ということです。

たとえば、水泳の北島康介さん。彼は、２００８年の北京オリンピックのとき、「世界新記録で金メダル、世界新記録で金メダル」と言い続けていて、本当に男子１００メートル平泳ぎの世界新記録で金メダルを獲得しました。

ヤワラちゃんのニックネームで親しまれた柔道の谷（旧姓田村）亮子さんは、２０００年のシドニーオリンピックの前に、「最高で金、最低でも金」と、金メダルを取ることを宣言し、その言葉どおりに金メダルを獲得しています。

また、その実力から「ゴルフの帝王」と呼ばれたプロゴルファー、ジャック・ニクラウスは、こんな言葉を残しています。

「**もっとも重要な練習は、試合に行く前のイメージトレーニングである**」

どういうことかというと、彼は試合前に、その日のコースで自分がどんなプレーをするかを想像し、最後は「優勝して歓声に包まれている自分」をイメージする。それが、もっとも重要な練習であると言っているのです。


このように、一流のアスリートは、本番の前に、すでに金メダルや優勝という**結果を手にしている自分をイメージし、それがすでに事実であるかのように振る舞って未来を引き寄せている。**


戦国武将もそうですね。

織田信長は「天下布武《てんかふぶ》」、徳川家康は「厭離穢土欣求浄土《えんりえどごんぐじょうど》」など、自分が天下を取ったあとの世界を宣言していました。戦《いくさ》の前に、武将が「大義は我にあり」と言って、お神酒《みき》をグイッと飲み干して、盃《さかずき》をバリンと割って出陣する。そういう行為も、勝利を確信してから出陣するという「成功の先取り体験」です。

このような「成功の先取り」には、未来を引き寄せるということのほかに、メンタルが安定するというメリットもあります。

名著、『ユダヤ人大富豪の教え』（大和書房）の著者、本田健さんの問いかけです。

「もし仮に、20年後、確実に1億円が下りる定期預金を持っているとしたら、今、あなたはどういう立ち振る舞いをしますか？」

定期預金なので、今すぐに引き出すことはできませんが、20年後には確実に1億円が手に入るとわかっていれば、やはり自信に満ちて、余裕のある立ち振る舞いになると思いませんか。

その余裕が、自身のメンタルを安定させ、「信用できる人」という雰囲気を醸し出す。

そしてその結果、周りから「一緒に仕事をしたいな」と思ってもらえるようになる。

つまり、「**自分はもう、未来の結果を確実に手にしている**」と思うことで、メンタルが安定し、立ち振る舞いに自信と余裕が生まれる。

メンタルが強い営業は、そういうイメージを持っているのです。

「バック・トゥ・ザ・フューチャー思考」を持つ

私は営業活動をするとき、**「自分がすでに契約を取った」という、未来のあるべき姿に立ったところを想像して、その地点から後ろを振り返って考える**ようにしています。

先に未来に行くということから、このような考え方を、タイムマシンが登場するスティーブン・スピルバーグ監督の映画のタイトルから、勝手に『**バック・トゥ・ザ・フューチャー思考**』と名づけています。

この「未来先取り」の考え方は、私だけではなく、孫正義さんもよく話をされていますし、スティーブ・ジョブズも、「現実歪曲空間」などという表現で、未来から現在を見る考え方について語っていました。

LINEで友達登録すると
今ダケ、特別動画
「浅川の考える
お金とは？」
プレゼント中。
浅川智仁の最新情報は
◀コチラ
LINE
LINEで
友達登録すると
浅川の最新情報が
スグわかる!!
LINE
今スグ友達登録
お願いします!!
営業研修の
詳細は裏面を
ご覧ください!!
Design your Life

この考え方はもちろん、営業活動だけでなく、人生そのものにも使えます。

「人生において、最高に成功している自分をイメージして、そこから、今の自分を見て、なにをすべきか考えたり、足りないところを強化したりするという発想」は、すごく大切です。


なぜ、成功した自分をイメージすることがそんなに大切なのか。

実は、我々の**脳は、「現実に起こったことと、イメージしたことの区別がつかない」**という性質があるのです。

簡単な例を挙げれば、レモンや梅干を想像しただけで、口の中がすっぱくなりますよね。脳が、現実とイメージを区別できるなら、口の中がすっぱくはならないはずです。


私が、この「バック・トゥ・ザ・フューチャー思考」を使って、まんまと「未来の成功」を手に入れた事例です。

それは、私がまだ電話営業になってから4か月くらいのこと。

社内の優秀セールスの表彰式が某一流ホテルで開催されました。

もちろん、当時の私はまだ、箸《はし》にも棒にもかからない状態です。
でも、次々と壇上で表彰される先輩営業を見ながら、私はこう考えていました。

「来年、自分はあの舞台で表彰されている」

さて、式典の最中にそんなことを考えていた私が、その日、なにをしたか。
表彰式が終わって、社員たちが三々五々、会場をあとにするタイミングで、私はサッと舞台に上がり、表彰者がスピーチをする演台の前に立ってみたのです。
そして、客席を眺めて、こうイメージしました。

「来年、ここに立って、この景色を見る」

カミングアウトすると、私が勝手に舞台に上がったのはこれが初めてではありませんでした。実家のスーパーが倒産する1年前、就職浪人で実家にいた頃に六本木ヒルズで開催される大前研一さんの特別講演会をどうしても聞きたくて東京に出てきたことがありました。

そのときも、講演会が終わって会場がザワザワしている一瞬の隙を見て、私は大前さんが講演していた壇上にササッと上がったのです。

ついさっきまで、大前さんが立っていた、そのぬくもりがまだ残っているかのようなその場所に立ち、こう考えました。


「いつか自分は、こっち側に立つ人間になる！」


こういう行動をバカバカしいと思う人には、たぶん、永遠にそういう未来はやってきません。

「いつか、この景色を見るんだ」と真剣にイメージして、実際にその景色を目に焼きつける。そうすることで、脳がそれを現実に起こったことと勘違いして、未来を引き寄せやすくなるのです。

新人営業時代に、ポケットに入れていたもの

もう1つ、私が電話営業の新人時代に、「バック・トゥ・ザ・フューチャー思考」を使った話です。

私が入った会社では、各営業が自分のパソコンで、その日のリアルタイムの営業成績順位を見られるようになっていました。

今現在、全国の営業の売上トップはこの人、2番目はこの人、3番目は……という順位を、なんと最下位まで、しかも実名で、いつでも誰でも見られるようになっていたのです。

入社当時の売上トップはHさんという方で、それはもうとんでもない営業でした。いっぽう私はと言えば、ベストテンにも入っていません。

さて、そんな状況の中、私はなにをしたか？

この売上順位リストを出力印刷して、「**Hさん、残念ながら東京にとんでもないモンスターが入社しちゃったんですよ**」なんて独り言を言いながら、トップのHさんの名前を修正液で消して、そこに自分の名前を書き込んだのです。

さらに、その紙は、三つ折りにし、内ポケットに入れて毎日持ち歩き、しょっちゅうニヤニヤしながら眺めていました。

そんなことを続けていたら、そのうち、本当に5位とか4位とか、なかなかよい順位に名前が入るようになったんです！　でも、こっちが毎日眺めているリストでは、自分がトップに立っていますから、5位でも4位でも違和感しかありません。

ですから、よい順位に入っても満足することなく、「自分はトップなんだ。次の表彰式では、トップ営業として表彰されるんだ」と、そればかりイメージしていました。

ここで白状すれば、**部長の席の後ろにあった、トップ営業の表彰用のトロフィーを勝手に手に持って、仲間に頼んで写真を撮ってもらった**こともありました。

そんなことをやっていたら、本当にトップになれたのです。

もし私が、毎日のようにトップになることをイメージしていなかったら、もしかしたら、4位くらいになったところで満足してしまったかもしれません。

もちろん、トップを取れたのは、営業の力が磨かれたことが大きな要因です。しかし、私が常に「トップになることをバック・トゥ・ザ・フューチャー思考していた」こともまた、とても大きかったと確信しています。

ちなみに、この「バック・トゥ・ザ・フューチャー思考」を、私は経営者になった今も活用しています。

どうやって活用しているのかというと、「**半年分の会社のPL（損益計算書）を毎回、期のはじめに作ってしまう**」ということを実行しているのです。

半年後まで、理想的な数字を、先に書き込んで完成させてしまう！

もちろん実際には、その数字のとおりにいかないこともあります。でも、3年とか5年とか、**長いスパンで見ると、だいたい「バック・トゥ・ザ・フューチャー思考」で先に決めてしまった数字のとおりになっています。**

普段の営業活動での「成功の先取り」とは？

メンタルが強い営業のイメージ力の1つ目、「成功の先取り」について、イメージをつかんでいただけましたでしょうか。

最後のほうは少し話が大きくなりましたが、普段の営業活動において、この「バック・トゥ・ザ・フューチャー思考」を活かすのであれば、私の新人時代のように、**「契約が決定するシーン」を先取りするのがよい**と思います。

そうやって、「成功の先取り」に慣れてきたら、徐々に先取りする未来の幅を広げていけばよいのです。

手前味噌な例で恐縮ですが、私はかつて、だんだんと電話営業に実績と自信がつい

てきた頃には、電話営業のクロージング（契約を決定する段階）のタイミングで、相手にこんなことを言っていました。

「いずれ僕はこの会社でトップになりますし、10年後には、『あの浅川さんと無料で直接に話ができたなんて、奇跡だった。ラッキーだった』って思うはずですよ」

我ながら、なかなか大胆不敵な「成功の先取り」です。そんなことを言われて、お客様のほうも、さぞ驚いた（あきれた？）ことでしょう。

でも、つい先日、新人営業だった頃の私からご契約をいただき、私がそんな大それたことを言ったお客様から、こんなメールをいただきました。

「**あのときの浅川さんの言葉、現実になりましたね**」

たしかに、今ではセミナーの費用を払わないと、私の話は聞けなくなりました。まんざらホラでもなかったなと、胸をなでおろしています。

「バタフライエフェクト」とは？

メンタルが強い営業のイメージ力の2つ目は「宇宙貯金」です。

ネーミングだけ聞くと、「なにそれ？」と思われるかもしれませんね。

突然ですが、あなたは「バタフライエフェクト（バタフライ効果）」という言葉をご存知でしょうか。

ものすごく簡単に言えば、「ほんのわずかな変化が、めぐりめぐって未来を大きく変えることがある」というような意味です。

調べてみると、もともとは気象学者のエドワード・ローレンツが行った講演のタイトル、**「ブラジルの一匹の蝶の羽ばたきは、テキサスで竜巻を起こすか？」**に由来す

る言葉なのだとか。

なぜ、蝶の羽ばたきが竜巻につながるのかの説明は割愛しますが、ローレンツは、「それくらい、気象というのは、些細《ささい》な条件の違いで変わってしまうものであり、予測するのは困難なのだ」ということを言いたかったようです。

この言葉が転じて、今では、**「小さな出来事や偶然が、未来を変えることがある」**というような意味で使われるようになっているのですね。


私は、この言葉が好きです。

そして、以前に、「偶然の積み重ねによって、奇跡的に売上目標を達成できた」という「バタフライエフェクト的な経験」をしたこともあります。

「宇宙貯金」の話の前に、その理解を深めていただくために、私が体験した、バタフライエフェクトの実例について、少し長い話なのですが聞いていただければと思います。

夜中の2時のアポ電話

それはこんな体験です。

私がまだ教育プログラムの電話営業をしていた頃のこと。

夕方に、１人の大学生に営業の電話をかけると、こんなことを言われました。

「今、図書館にいて長電話はできないけれど、興味があります」

「ありがとうございます。じゃあ、僕は何時でもよいので、夜の9時とか10時とかに電話をかけ直しましょうか？」

「それじゃ、2時にお願いします」

「えっ？　2時って、夜中の2時ですか？」

「そうです。ダメですか？」

この学生さんとは2度目の電話で、すでに資料は送っていましたので、これは、私のことを試しているな、と思った私は答えました。

「2時でも、もちろん大丈夫ですよ」

「えっ、本当にいいんですか?」

「2時でも3時でも、お客様さえよければ大丈夫ですよ」

「わかりました。では、今晩の2時に電話をください」

「ありがとうございます。資料のほうはもう郵送しています。自宅のポストに届いていると思いますので、その資料を手元に置いて、電話を待っていてください」


そんな会話を夕方にして、夜中の2時に、私はオフィスから彼に電話をしました。オフィスにいるのはもちろん私1人だけ。今ではNGですが、当時はまだ、ひと晩中オフィスにいることが可能でした。

内心、本当に出てくれるかな……と思いながらの電話でした。でも、ちゃんと出てくれたんです。

「浅川さん、お電話ありがとうございます。ただ、ポストに資料が入っていなくて、持ち帰りになっていたので、手元に資料がないんです」

「あっ、そうなんですね。もちろん、資料がなくても説明はできますけど、資料を見ながら説明を聞きたいということなら今日はやめておきますし、せっかくこんな時間に電話がつながったのだから説明だけは聞きたいというのなら説明しますし、どちらでもお好きなほうで構いませんよ。どうしますか？」

「そうですね。やっぱり資料を見ながら説明を受けたいです」

「わかりました。では、資料がお手元に届いたところであらためてお話をしましょう」


というわけで、私にしてみれば、夜中の2時のアポが流れてしまったのです。

もう電車も止まっていますから、帰ることもできません。

仕方なく、パソコンにアップされている「トップセールスの営業トークの音声」を聞いて時間をつぶしていました。

と、そのときです。

オフィスに電話が入ったんです。

忘れられない「バタフライエフェクト」体験

時刻は真夜中の2時過ぎです。

普通、こんな時間にオフィスに電話がくるはずがありません。

電話営業の会社なので、コールセンターに入った電話は、コールセンターが閉まると自動的にオフィスにつながるようになっています。

その呼び出し音が鳴っている……。

たしか2コール目くらいで、私はその電話を取りました。

「はい。もしもし」

「あっ！　取った！」

相手の方は、自分から電話をしておいて、「取った」と驚いているんです。

「ありがとうございます。たまたま、今日はオフィスにいたので、電話を取らせていただきました」

「こんな時間にもいるの？」

「いや、逆にお客様もこんな時間にお電話をされていますけれど……。遅い時間までお仕事をされている方なのですか？」

聞けば、京都で整体師を開業されている方で、仕事が終わるのが毎日、夜の10時とか11時。教育プログラムに興味があって、「夜でも音声体験ができる」と知って、電話をかけてみた、とのことでした。

「まさか、人が出るとは思わなかった」

「ありがとうございます。それじゃ、今からでも音声体験をされますか？」

「そうですね。せっかくですから、お願いします」

そんなわけで、その晩、私は図らずも真夜中にその方の音声体験をサポートさせていただきました。

音声体験を終えると、その方は、とても興味を持ってくださり、そのときは、「では、あらためて資料を郵送します。そのうえで、無理にはお勧めしませんので、やるかどうか一緒に考えましょう」とお伝えして電話を切りました。

ところが、その後、いくら電話をかけてもつながらず、結局、約束していたアポも流れてしまったのです。

そんなことがあってから、何か月も経った頃。

なぜか、なかなか数字が出ず、このままでは（自分が決めた）ノルマをぜんぜん達成できないというピンチになった月がありました。

これは参ったな……と、思っていたとき、突然、その京都の整体師の方から電話が入ったんです。

「浅川さん、ごめん。あの晩からもう何か月も経ってしまいましたよね。ずっと電話に出られなかったんだけど、送っていただいた資料はずっと手元にあって、全部、読みました。ぜひ、やってみたいと思うので、もっと詳しい話を聞かせてください」

感動しました。

その後、プレゼンを経て、あっという間にご契約をいただき、あんなに苦しんでいたその月のノルマを達成することができたのです。

何か月も前に、偶然が重なって真夜中に取った１本の電話が、それから何か月もあとの自分を救ってくれた！

あの日、もし、学生さんから「２時に電話をください」と言われなかったら……。

私が真夜中までオフィスにいなかったら……。

整体師の方が、偶然、その夜に、そのタイミングで電話をくれなければ……。

どれか１つでもなければ、こんなことは起こらなかった。

これが、今もずっと忘れられない私の「バタフライエフェクト」体験です。

「宇宙貯金」という名のバタフライエフェクト！

バタフライエフェクトについて、伝わりましたでしょうか？
メンタルが強い営業のイメージ力の２つ目。私が勝手に**「宇宙貯金」**と呼んでいる考え方は、言ってみれば、このバタフライエフェクトの１つと言える現象です。

では、「宇宙貯金」という考え方についてお伝えします。
それはこんなイメージです。

たとえば、私がAさんという人に対して、Aさんのためを思って、１００のエネルギーをかけて、商品をプレゼンしたとします。

私としては、100のエネルギーをかけたのですから、Aさんから100の結果が返ってきてほしいと思うのが人情ですよね。

モノの売り買いで言えば、100円の商品を渡したのだから、100円支払ってくださいね、という道理です。

しかし、ご存知のように、世の中はそううまくはいきません。

こっちが100の情熱でエネルギーを送っても、相手からは60とか30とかしか返ってこないことがあります。いや、それどころか、マイナス100が返ってくることだってあり得ます。

マイナス100が返ってきたら、こっちが送ったエネルギーと合わせたらマイナス200です。もう踏んだり蹴ったり。

まあ、そこまでひどくなくても、こちらのエネルギー100に対して、相手から60しか返ってこない。実例で言えば、「いい感じでプレゼンは聞いてくれたけれど、最後にキャンセルされた」とか、そういうことはしょっちゅうあると思います。

さて、いよいよここからがイメージの世界です。

「こちらから100のエネルギーを与えたのに60しか返ってこなかったのなら、マイナスになった40のエネルギーはどこへ行ってしまったのか？」

エネルギー保存の法則で言えば、その40のエネルギーは消えることなく、どこかに貯えられるはずなんです。

その貯えは、私が発したエネルギーの量と私に返ってきたエネルギーの量に応じて増えたり減ったりする。当然、私が発するエネルギーが、私に返ってくるエネルギーを上回っていれば、この貯金はどんどん増えていきます。

そして、この増え続けた貯金は、いつか、ぜんぜん関係ないところで、私自身に返ってくる。

これが、私が「**宇宙貯金**」と表現している現象（法則？）です。

先ほどお話をした「夜中2時の電話」のエピソードを思い出してください。

私は学生のAさんに対して、100のエネルギーで、真夜中の2時過ぎに電話をかけました。しかし、資料が手元に届いていなかったことで、結果につながらず、ここで、プラスの宇宙貯金が少し貯まります。

今度は、整体師の方からの電話を取り、音声体験のサポートをさせていただいたのに、それ以降、電話がなかなかつながらず、ここでも宇宙貯金がプラスされる。

そうやって、貯まったプラスの宇宙貯金が、何か月も経ってから、突然、私に「厳しい月の売上」という形で戻ってきた……と、そんなイメージ。

この事例は少し直接につながりがありすぎますが、本来の宇宙貯金の意味は、貯まった宇宙貯金が、まったく関係のないところから戻ってくるというイメージです。

私は、このように、世の中は、**よいことも悪いことも、最終的にはプラスマイナスゼロになるようにできている**と思っています。

よいエネルギーを発したのに、それに見合った戻りがなければ、別のところでその分が戻ってくる。それが自然の摂理だと思うのです。

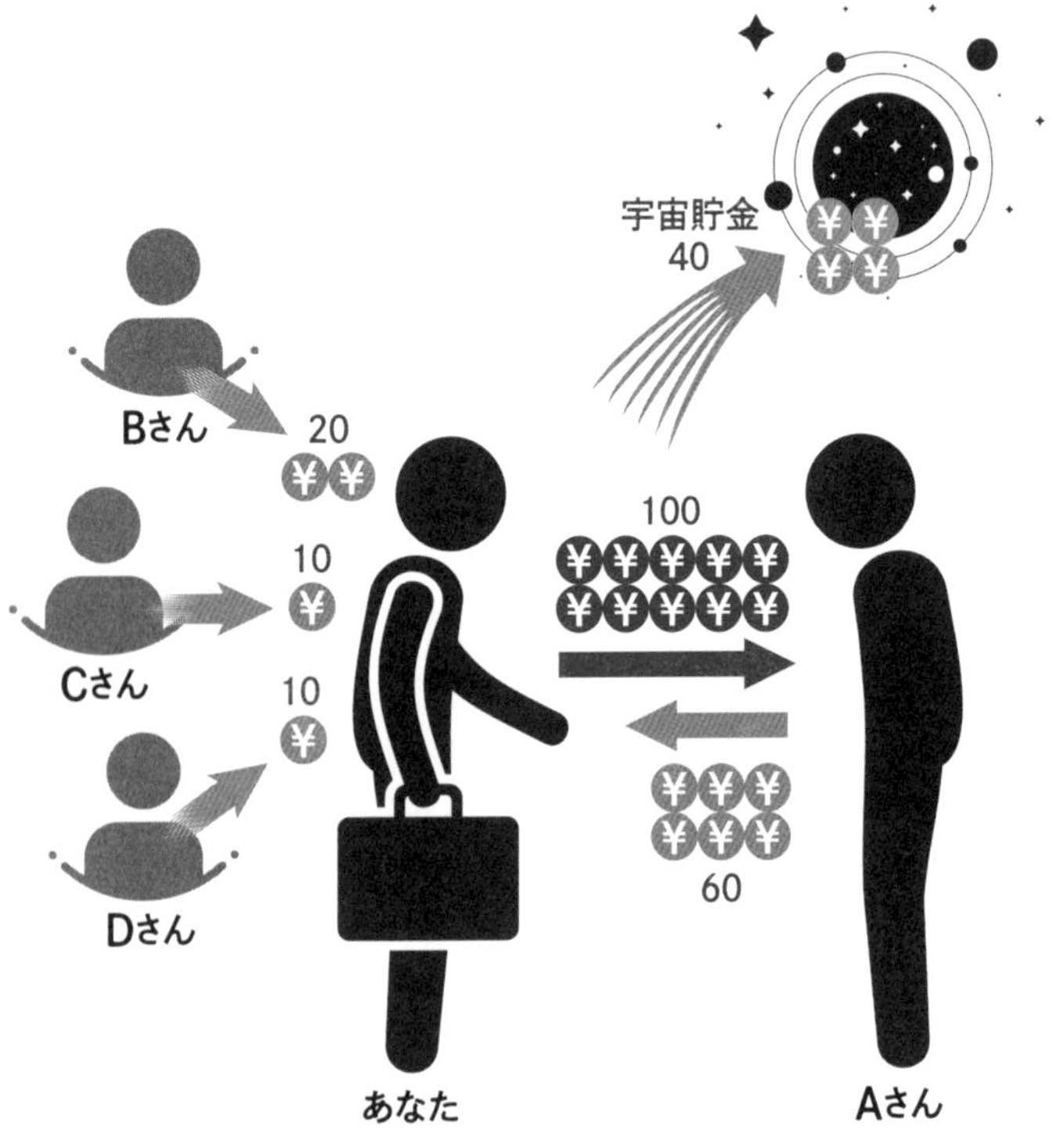

向かって左側のB/C/Dさんから宇宙貯金が突然換金されるという意味です。

考えてもみなかったところから、Bさんが20をくれることがある。

思いもよらないところから、Cさんが10をくれることもある。

そんなイメージです！

悪口は、宇宙貯金を減らす

宇宙貯金を信じると「これは間違いなく契約してくださる」と思っていた大口契約のお客様からドタキャンされたとしても、こんなふうに考えることができます。

「うわー、これは大きなプラスの宇宙貯金になったぞ！」

そう思えると、もう、なにがあってもがっかりしません。

たとえひどいことがあっても、別のほうからよいことがやってくるのですから、ラッキーとすら思えます。

あなたの周りには、お客様からキャンセルがあったとき、その相手に対して、「なんだよ、ここまで引っぱって、最後はキャンセルかよ、バッキャロー」なんて、悔しまぎれの悪態をつく営業っていませんか。

そういう営業を見ると、私は**「あー、せっかくプラスの宇宙貯金ができるチャンスだったのに、そこで自分からマイナスのエネルギーを発してしまったら、プラスマイナスゼロになって貯金ができないのに……」**なんて思います。

そういうときは、ここぞとばかりに「ありがとうございました。また、機会がありましたらよろしくお願いします！」と、笑顔で対応すれば、ばっちりプラスの宇宙貯金になります。

ですから、私は社員に、「たとえ、絶対にお客様にはわからないような楽屋裏であっても、お客様のことを悪く言ってはいけない」と、口をすっぱくして伝えています。

それがたとえ独り言であっても、**悪口はマイナスのエネルギーですから、せっかくの宇宙貯金を減らすことになってしまう**からです。

なにしろ相手は宇宙貯金です。相手に聞こえるかどうかなんて、いっさい関係なし。

まさに、「おテントウ様は見ているぞ」という感覚です（さらに言えば、実は陰口は必ず相手のお客様にも伝わってしまうものなので、本当にアウトです）。

営業の仕事は、近視眼的に見ると、落ち込むことはたくさんあると思います。
しかし、この「宇宙貯金」をイメージして、長期的に見ると、「このマイナスは、いつか必ずプラスになって返ってくる」と思えますし、私の経験上、本当にそうなっているものです。

これが、メンタルが強い営業が持っているイメージ力の2つ目、「宇宙貯金」です。

「一寸先は光」！

メンタルが強い営業のイメージ力の3つ目は「一寸先は光」です。

ことわざに「一寸先は闇」ってありますよね。でも、私は**営業の世界は「一寸先は光」**だと思っています。

なぜそんなことを思うのかというと、電話営業時代に、そんな光景をたくさん見てきたからです。

たとえば、月の28日になっても、1件も契約が取れず、このままでは、「3か月に1件」という会社に決められたノルマを達成することができない……。そんな状況に陥った

先輩営業は、本当に今にも死にそうな顔をしていたり、血走った目をしていたり、のっぴきならない様子になります。

ところが、そんな矢先、たった1本の電話で契約が決まるだけで、今度はいきなり「その月の売上トップ3」に入ったりします。1件の契約額が大きいので、そういうことがよくあったんです。

そうなると、ついさっきまで死にそうだった先輩営業が、途端に元気になり、もう肩で風を切って社内を闊歩《かっぽ》するようになる。

本当に一瞬で地獄が天国に変わってしまうんです。

私は、なかなか受注できなくて悩んでいる社員がいると、こんなことを伝えます。

「あのさ、今はなかなか受注できなくて落ち込んでいるけれど、この次の電話で、相手から『新卒営業向けのいい営業研修を探していたんだよ』って言われて、一発で受注できたら気分はどうなる?」

「ぜんぜん変わると思います」

「だよね。ここで考えてほしいのだけど、もし自分が相手だとしたら、落ち込んだ声で、元気も自信もない営業からの電話と、声のトーンが元気で自信に満ちたしゃべり方をする営業と、どっちに営業研修をお願いしたいと思う？　どっちの営業が高い確率で受注できると思う？」

「それはもちろん、元気なほうの営業です」

「だったら、次の電話で受注が取れるって思いながら電話したほうがいいと思わない？　そういうイメージを持っている人には、そういうことが本当に起こるんだよ」

なんだか詭弁《きべん》に聞こえるかもしれませんね。

でも、本当にそうなんです。

「次の電話で契約が取れる」と信じて、1本1本の電話を一生懸命にかける人に、高い確率で「一寸先は光」は現実になります。

私は電話営業だった頃に、株式会社リコーの創業者である市村清氏（1900〜1968年）の体験を本で読んで感銘を受けたことがあります。

もともと保険の営業マンだった市村さんは、かつて「保険不毛の地」と呼ばれていた熊本県でとても苦労されたそうです。詳しい回数は忘れましたが、ある訪問先から、7回か8回連続で断られて、「ここはもうダメかな」と諦めかけたことがあった。そうしたらそのとき、奥様から「あなたはそれくらいで諦める人なのね」と言われて、それが悔しくて、もう1度訪問してみたら、相手の担当者から「そこまで言うのならお願いしようか」と言われて、受注することができたことがあったというのです。

その当時の私はまだ、お客様に8回もプレゼンして断られるという経験をしていなかったので、「うわっ、2、3回連続で断られたくらいで落ち込んでいる場合じゃないな」と、勇気をいただいたのを覚えています。

市村さんの場合は、**9回目に「光」が待っていた。もしも、8回目で諦めていたら、光に届かなかったわけです。**

これは、営業に限らず、何にでも当てはまることです。

たとえば、SNS。毎日、丁寧に心を込めて書き込んでいる人に、ある日、1本の書き込みがバズるという「光」が訪れます。

この章では、「メンタルが強い営業」が、どんなイメージを持って仕事に取り組んでいるのか？」の例として、「成功の先取り」「宇宙貯金」「一寸先は光」という3つについてお話ししました。

ニュアンスが伝わりましたでしょうか？


もしかしたら、「全部、都合のよいイメージだな」と思われた方もいらっしゃるかもしれません。

そのとおり！　**メンタルが強い営業は、実は、自分に都合のよい解釈をできる人**なのです。

すでに、「事実は1つ、解釈は無限」とお伝えしていますよね。

あなたがどんなイメージを持とうと、何の問題もありません。

それに、この3つは、私の体感では、3つとも、限りなく事実に近いと、自信を持って言うことができます。

ぜひ、明日から、この3つを意識してみてください。

第5章

メンタルが強い営業は、動きながら改善する

事実を知らずに、見解を語るな

私が電話営業の会社で部下を持つようになった頃。

営業電話をかけてもよい時間なのに、デスクでじっと電話をかける先のリストを眺めている部下がいることがありました。

「どうしたの？　電話、かけないの？」

「いやあの、おそらくこのお客様は、この時間に電話をかけても出ないと思うんです」

「ああなるほど。どうしてそう思うの？」

「たぶん、この年齢の方だからサラリーマンだと思うんです。サラリーマンがこんな時間に外部からの電話は取らないと思うんですよね」

「ああそっか。そうかもね。**じゃあ、とりあえず電話をかけてみて**」

こんな会話をいったい何人の部下と交わしたことでしょう。

結論から言えば、相手が電話に出るか出ないかなんて、実際に電話をかけてみなければわかりません。

どんなに相手のリアクションを想像しようが、**こちらがアクションを起こさない限り、永遠に相手はリアクションを起こすことはありません。**当たり前のことですね。

第2章で、「行動を積み重ね、データを蓄積し、分析する」ことが大切だとお伝えしました。しかし、いくら相手を分析して、「この時間には今まで1度も電話に出たことはなかった」ということがわかっていたとしても、**今日、その時間に電話をかけても出ないかどうかは、電話をかけてみないことにはわかりません。**

ですから、リストを眺めて、「今日もやっぱり、この時間に電話をかけても出てくれないよな」なんて勝手に予想して電話をしないなんて愚の骨頂。

「この時間には電話に出てくれないはず」「こんなに電話をかけても出てくれないのだから、うちの商品には興味がないに違いない」「今、電話しても留守電のはず」……。

そんなのは全部、あなたの見解でしょ！　という話。

「事実を知らずに見解を語るな」です。

極端に言えば、今まで１００回、10時に電話をかけて出てくれなかったお客様でも、１０１回目には出てくれるかもしれないということ。

「今まで１００回、10時に電話をかけても出てくれなかった」ことはたしかに事実。しかし、「１０１回目に10時に電話をかけても出ないだろう」は、ただの見解、思い込みでしかありません。

お客様はこう行動するだろうというジャッジを勝手にして、悩むなんて無意味です。

事実と見解は、ちゃんと分けて考えましょう。

ここで1つ、新規開拓の営業で役に立つテクニックを伝授しましょう。

たとえば、新規のお客様の代表番号に、初めて営業電話をかけたとき、電話に出た相手が、すごくイライラしていて、「忙しい時間に営業電話なんかかけてくるな！」と言うなり、ガチャ！　と、すごい勢いで電話を切られてしまったとします。

そんなとき、あなたはどう思いますか？

「この会社はぜんぜん脈がないな」と思うのはあなたの見解でしかありません。

そこで、使えるテクニック。

いったん、トイレにでも行って、気分を新たにしてから、それこそ**３分後くらいに、また代表電話にシレッと電話をかけてしまいましょう。**

そうすると、相手の会社は代表電話ですから、かなりの確率で、今度はさっきと違う社員が電話に出ます。そして、「ああっ、うちの部長はそういうものが好きかもしれないな」と、上司につないでくれることが結構あるんです。

つまり、最初に電話を取った相手が、ちょっと仕事でイライラしていて八つ当たりされたとしても、気に病む必要はありません。次に電話を取ってくれた相手は、冷静に判断してくれる……、そんなことが意外に多いということ。

このテクニック、先方の会社が代表電話のときには、ぜひ使ってみてください。

このテクニックも、「最初に出た相手からガチャ切りされた」という**事実**と、「この会社は脈がない」「次に電話をかけても、またガチャ切りされるだろう」という**見解**を分けて考えたからこそ成り立つものです。

お客様の「態度」も「ニーズ」も、時間が経つと変わる

1つ前の項の代表電話に使えるテクニックは、「電話に出る相手が変われば対応が変わる」という話です。でも実は、**同じ相手であっても、時間によって対応や態度が変わる**ことが結構あります。

ちょっと想像すればわかりますね。

もうすぐ重要会議があって、その用意に追われているときに、営業の電話がかかってきたら、「今、忙しいから！」とガチャ切りしますよね。

でも、会議でのプレゼンがうまくいって、上機嫌のときにかかってきた営業電話なら、「少しくらいなら話を聞きますよ」なんて答えるかもしれません。

もっと単純に、午前中は調子が出なくて不機嫌なのに、午後になると穏やかになる人だっています。

このように、**同じ人でも、時間によって態度が変わる**ことを知っていれば、たとえガチャ切りされても、「機嫌が悪いタイミングだったのかな」と思うことができます。

同じく、**お客様のニーズも、時間が経つと変わる**ことがあります。

ニーズというのは、言葉を変えれば「問題と願望」ですから、時間によって条件が変わり問題が発生すれば、当然、願望も変わります。

これからお昼ご飯を食べようとしているとき、親しい知人とバッタリ会って、相手から「久しぶりですねぇ。これからちょうど焼肉に行くんですけど、一緒にどうですか？」と言われたら、「はい、ぜひ！」となります。

でも、それが、ちょうどお昼ご飯をお腹いっぱい食べた直後だったらどうでしょう。「いや、また今度」となりませんか。このように、人のニーズなんて、ちょっと時間がズレて、条件が変わるだけで、あっという間に変化するのです。

商品に対するニーズも一緒です。

たとえば、エアコンが効いていて快適な部屋にいるとき、エアコン掃除の電話営業がかかってきても、「間に合ってますよ」となります。でも、エアコンの調子がおかしくなったタイミングで「エアコンの具合はいかがですか?」なんていう電話がかかってきたら、「いや〜、ちょうどよかった!」となりますよね。

普段は生命保険の勧誘の電話がかかってきたらガチャ切りしてしまう人でも、自分と同い年の友人が、がんで亡くなったという話を聞いた直後だったら、「がん保険について話を聞いてみようかな」と思うかもしれません。

このように、お客様の商品に対するニーズだって、コロコロ変わります。

実際、電話営業時代の私のお客様にも、ずっと、踏ん切りがつかなくて悩んでいたのに、反対していた家族が賛成してくれた途端、契約してくださるということもよくありました。

繰り返します。

同じお客様であっても、たとえ今日はお断りでも、明日はどうなっているかわからない。

１つの条件が変わったり、１つの情報が入ったりするだけで、ニーズはすぐに変わるということ。

ですから、**１回の営業で断られて、がっかりして２度と行かないなんて、もったいない話**なのです。

お客様のニーズは、タイミングによってコロコロ変わるということを知っている営業は、１度断られてもがっかりしません。せいぜい、「はい、今はタイミングじゃなかったんですね」と思うだけ。そして、しばらく経つと、なに食わぬ顔でまた訪問することができるのです。

営業は、1人でPDCAを回せる

仕事や改善の進め方を表すPDCA。

モノを売る会社では、商品企画部門が、P（Plan 計画）とC（Check 評価）を行い、営業がD（Do 実行）とA（Action 改善）を行うのが一般的でしょうか。

でも、私はせっかちなので、自分が行った「Do」に対する「Check」が完成するのが数週間後とか数か月後とか、そういうタイムラグがあるのがすごく嫌でした。

ですから、私は基本的に自分でPDCAを回していました。

「PDCAを回す」というと、大げさに聞こえるかもしれませんね。でも、それほど大した話ではありません。

「お客様に効きそうなトークを思いついた」（Plan）

「実際にそのトークを使ってみた」（Do） ⬅

「でも、あまり響かなかったようだ」（Check） ⬅

「そのトークに、新しいひと言を加えてみた」（Action） ⬅

この程度でも、立派なＰＤＣＡです。

私は、営業というのは、**「1人でPDCAを回すことができる最高の仕事」**だと思っています。

せっかく、最前線で、自分１人の工夫でＰＤＣＡを回せるのですから、どんどん**「動きながら改善」**をして、仕事を効率的に、スリムにしていき、メンタル面でも楽になることをお勧めします。

この「自分でＰＤＣＡを回す」ために必要になるのが、すでにお伝えしている「ちゃんと記録を残す」という行為なのです。

記録することで、あとが楽になる

「このお客様に、前回、電話をかけたのはいつ？」

こう質問したとき、「えーと、たしか3、4日前の夕方でした」としか回答できない営業がいます。

こういう回答しかできない理由は1つ。

記録を残していないんですね。

そして、こういう回答しかできない営業は、無駄な時間がかかってしまい成果が出にくいので、細かく記録を残している営業よりも苦労します。

私が、新人時代に、自分の営業電話の記録について、お客様ごとに事細かく記録を

残していたというお話はすでにしました。

できる営業、自分でＰＤＣＡを回せる営業は、同じ質問をしたときに、記録を取っているので、こう回答できます。

「はい。前回の電話は、3日前の○月○日の16時27分でした」

人間は無意識の行動が８割から９割だそうです。

ですから、リストを見てお客様に営業電話をかけるときでも、頭を使わないでいると、毎日、リストの頭から順番に電話をかけたりするのです。

そうすると、だいたい、同じお客様に同じくらいの時間に電話をかけることになりますから、昨日、電話に出なかったお客様は、今日も出ない確率が高い。

ここで、記録も残していないと、「このお客様は、昨日、○時に電話をしたけれど出てくれなかった」ということがわからないまま、毎日、同じ時間に電話をかけ続ける……ということが起こります。

ちなみに、私は電話営業の頃、前の日にリストの頭から順番に電話をかけたら、翌日はリストの最後から順番に電話をかけるなど、電話がつながらなかった相手にかける時間帯が、日によって変わるように工夫していました。

もっと細かく言えば、お客様ごとに、前の日に何時に電話をかけているか記録していましたので、前日に10時、14時、18時と3回電話をかけてつながらなかったら、翌日は11時、13時、15時と時間をずらしたり、1日空けて9時、14時に電話をかけたりするなどを実行していました。

考え方としては、**「このお客様は電話に出ない」**ではなく、**「このお客様は、○曜日の○時には電話に出ないんだ。それなら、曜日と時間を変えてかけてみよう」**です。

そうやって、行動しながら改善していると、なにも考えずに同じ失敗を繰り返すよりも、はるかに**効率的になり、仕事が楽になります。**

平然と淡々と電話をかけ続けていて、メンタルが強そうに見える営業は、実はこうやって、**動きながら改善を進めているので、悩んでいる暇がない**という感覚なのです。

ノーリスクなら全部やれ！

よく、「こんなことをやってもどうせ効果はありませんから」と言う営業がいます。

ここまで読んでくださったあなたならおわかりですね。

「効果がないに違いない」は、ただの見解。「効果があるかどうかは、やってみないとわからない」が事実です。

私は電話営業の会社から独立して起業したばかりの創業期に、自分の会社のチラシを２００枚くらい作って、家の周りにポスティングをしたことがあります。

前の日にポスティングしたマンションに行ってみたら、チラシがゴミ箱に捨てられていて、チラシに載っている自分のプロフィールの写真と目が合って、「あーっ、捨てられちゃったな、お前」と、笑ってしまったこともありました。
でも、効果があるかどうかは、やってみなければわかりませんから、ポスティングを続けたし、ブログも書いたし、メルマガも発信しました。

基本姿勢は、「ノーリスクなら、全部やれ！」です。

チラシを40万枚刷るのは予算的にリスクがありますのでやらないほうがよいと思います。でも、数百枚だったら、ノーリスクですから、やらない手はありません。

第4章で、バタフライエフェクトという言葉が好きだとお話ししましたよね。会社の創業期にそんなことを続けていたら、やっぱり奇跡は起こりました。

その頃、私は年間に1000本以上の発信を目標にして、1日に3本のブログを発信していました。当時のアメーバブログに、「ブログを訪問したこと」を知らせる「ペタ」という機能があって、1日の制限が500ペタでしたので、これも「感情を入れずに、機械的に」1日500ペタをずっと続けていたのです。

するとある日、「えっ、誰これ？　面白そう」と、私のブログに注目してくれた方がいました。その方はある有名な美容医療関係の企業のトップドクターで、私のブログを読んでくださるようになり、セミナーにも参加していただき、その先生が人事を紹介してくださって、研修の受注につながったのです。

その受注によって、教育研修業界の新参者であった当社のブランドイメージが一気にアップし、事業が軌道に乗るきっかけになりました。

ブログの発信と、地道なペタが、大きな受注につながったわけで、まさにバタフライエフェクトです。

これも、私が「ブログなんて発信したって受注につながるわけがない」と勝手に決めつけていたらなにも起こりませんでした。

「ノーリスクなら全部やれ」の大切さ、伝わりましたでしょうか？

「動きながら改善」するときのキーワード

前の項で、「ノーリスクなら全部やれ！」とお伝えしました。

ここで忘れてはいけないのは、心が折れないように機械的にやるのはよいとして、単にクソ真面目にやるだけでなく、どうせやるなら**「頭を使いましょう」**いうことです。

私のことを拾って1年半も社長秘書として使ってくださった韓国人社長は、よく、こんなことをおっしゃっていました。

「浅川君、日本語には、『ひとひねり』といういい言葉があるよね。仕事をするときは、いつも、この『ひとひねり』を意識しなさい」

本章のテーマは「動きながら改善」です。改善ですから、この「ひとひねり」をすることが大切です。営業電話でも、営業トークでも、プレゼン資料でも、**「これでいいかな」と思ったところで終わりにせず、「もうひとひねり」してみる。いつも、「もうひと工夫できないか」と意識する。**石田三成が、お茶出しひとつに工夫を重ねていったように……。

そんなわけで、**動きながら改善するときのキーワードは、この「もうひとひねり」「もうひと工夫」**です。

ちなみに、この「ひとひねり」のことを、ナポレオン・ヒル博士は、こう表現しています。

「プラスアルファの魔法」

ひとひねり、ひと工夫というプラスアルファは、魔法のようによい結果に結びつきます。

「落ち込みやすい人」の共通点

「勝手に未来を予測して動かないより、とにかく動いたほうがよい。お客様のニーズなんてコロコロ変わるのだから、断られても落ち込むことはないし、営業は1人でPDCAを回せるのだから、ノーリスクなら、どんどん動いて、動きながら改善すればいい……、それはわかりました。でも、**どうしても、うまくいかないのでは……と考えて、落ち込んでしまう**んです」

その気持ち、よくわかります。

なぜなら、私もかつて「落ち込みやすい性格」だったからです。

すぐに落ち込む子どもだったし、20代になっても、将来が不安で寝つかれず、気が

つけば老後の心配（！）をしていることもありました。

その性格を変えるきっかけの1つは、電話営業をやっていた頃に、ナポレオン・ヒル博士のメソッドを知り、また、自分でいろいろな本を読んで学ぶ中で、こんな言葉に出会ったことでした。

「落ち込みやすい人には共通点がある。それは、頭がよいということだ」

この言葉は、私にとっては大きな救いでした。

「そうか、子どもの頃から落ち込みやすかったのは、頭がよかったからなんだ」

そう思えたからです。

頭がよいって、成績優秀だとか、そういうことではありません。

「こんなことを言ったら、こう思われてしまうのではないか」とか、変に周りに気を使って、先回りして考えてしまう子どもだったのです。

多くの人は子どもの頃、欲しいものがあったら平気で駄々をこねることができました。しかし、小学5年生くらいになると、世間体や固定観念や苦手意識などが出てきて、それがメンタルブロックになります。

私は、そのメンタルブロックが早くから強くて、落ち込むことが多かったのです。「どうしても、うまくいかないのでは……と考えて、落ち込んでしまう」というあなたも、たぶん、頭がよいのだと思います。

頭がよいために、結果を先回りして、**「うまくいかない未来」を頭の中で疑似体験**して落ち込んでしまっているのではないでしょうか。


堀江貴文さんは、著書の中で「小利口になるな、馬鹿になれ。馬鹿は最強」とおっしゃっています。これはたぶん、利口で、勝手に未来を予測してしまう人より、周りから「あいつはちょっと無鉄砲だな」とか「危なっかしいヤツだな」とか言われる人のほうが強い、ということを言っているのではないでしょうか。

堀江貴文さんのように、とんでもない行動力を持っている人は、よく、発言1つで炎上することがあります。でも、それって実は、堀江さんのように行動できない人たちが、堀江さんのことを**うらやましく思う気持ちの裏返し**なのではないかと思います。

「取り越し苦労」と「持ち越し苦労」

「どうしても、うまくいかないのでは……と考えて、落ち込んでしまう」

そんなあなたに、ぜひお伝えしたい。

まず、いわゆる世間体とか、周りの目は気にすることはありません。

周りの人は、それほどあなたのことを見ていませんし、あなたの失敗について気にしていないし、長く覚えてもいません。

あなたの失敗をいつまでも覚えているのは、せいぜい、あなたくらい。あなたが忘れたら、もう誰も覚えていないものです。

ですから、**「こんなことをやって、失敗したらどうしよう」「失敗したら、もう人生**

終わりじゃないか」などという考えは、あなたの「取り越し苦労」でしかありません。
そして、**「どうしてあんな失敗をしてしまったんだろう」と、「過去の失敗を後悔し続けるのは、「持ち越し苦労」でしかありません。**

「このお客様は、この前のプレゼンでうまくいかなかった」と、過去を憂えるのは「持ち越し苦労」。「だから、今度のプレゼンもうまくいくわけがない」と考えるのは「取り越し苦労」ですね。

では、どうしたらよいか？

まず、**「取り越し苦労」を撃退する方法。それは準備することに尽きます。**
私がかつて、分不相応な大舞台でのセミナーに際してやったことは、まさにこれでした。「失敗するのでは？」という不安が消し飛ぶくらいに、講演内容を練習して準備して臨みました。

次の**「持ち越し苦労」を撃退する方法。それは「意味づけを変える」**ことです。
私は実家のスーパーの倒産というマイナスの過去の出来事について、「おかげで、家業から自由になれた」「営業という天職に出会えた」と意味づけを変えることで、「持ち越し苦労」を消し去りました。

ロックバンド「X　JAPAN」のYOSHIKIさんが、「多くの方が過去は変えられないって言うじゃないですか。でも僕は、**過去は変えられる**と思っているんです」と発言されているのを見て感動したことがあります。露骨に友人のHIDEさんの死については語ってはいませんでしたが、この言葉はまさに、「過去の意味づけを変えること」についての話だったのだと思います。

「取り越し苦労」や「持ち越し苦労」にとらわれている人は、「未来への不安」や「過去への執着」ばかりで、ちっとも「今」を生きていません。

そんな生き方、もったいないと思いませんか？

私の会社では、**「一所懸命」**を社是《しゃぜ》にしています。

この四文字に、過去でも未来でもない、**「今、この場所に命をかけろ」**という思いを込めているのです。

「持ち越し苦労」を消すためのセルフクエスチョン

1つ前の項で、私は、実家のスーパーが倒産したという過去について、「意味づけを変えた」とお伝えしました。

いったい、どうやってそれをやったのか?

答えは、**自分で自分に質問（インナートーク）をして、過去の出来事の意味づけを変えた**のです。

そもそも、人間の脳は、1日に2万回から3万回も、自分に対して質問をしているのだそうです。この自分から自分への質問を「インナートーク」といい、これが人間にとって、もっとも重要なコミュニケーションだと言われています。

なぜ重要なのかというと、ポジティブなインナートークをする人はポジティブになるし、ネガティブなインナートークをする人はネガティブになるからです。

シャド・ヘルムステッターという心理学者によれば、人は20歳になるまでに、ネガティブな言葉を14万8０００回も浴びせられるのだそうです（どうやって数えたのでしょうか?）。

それに加えて、自分でも、「どうして自分は失敗ばかりするのだろう?」「どうして、自分には運がないんだろう?」と、ネガティブなインナートークばかりしていたら、マイナスの言葉が脳に刷り込まれて、ネガティブになってしまうのもわかります。

ですから、前向きに生きていきたいなら、いかに、自分に対して前向きな質問を多くできるかが勝負になるわけですね。

それなのに、実家のスーパーが倒産したばかりの頃、私は自分に、「どうして自分だけこんな目に遭うんだろう?」と、ネガティブな質問をぶつけていました。

そんな私が、過去の意味づけを変えるために、実家のスーパーの倒産について、どんな質問を自分に投げかけたか?

私は、こんなふうに自分に質問しました。

「実家のスーパーの倒産から、自分はいったいなにを学べるのだろう?」
「実家のスーパーの倒産という経験は、自分の未来にどう活きるのだろう?」
「今の自分にできる最高の行動は何だろう?」

こうして、私は「過去の意味づけを変えること」に成功しました。

考えてみれば、この実家のスーパーの倒産は、前述のように「おかげで、家業から自由になれた」「営業という天職に出会えた」だけでなく、営業になったあとのモチベーションアップにもつながりました。

さらに、今では「実家のスーパーが倒産し、その借金を肩代わりして、営業の世界でトップになることでそれを完納した」という**私のブランドイメージにもなっています**し、こうして今、本を執筆しているのも、実家が倒産してくれたおかげ……と言えます。

若くして老後の心配までしていた私が、今できることに集中できるようになれたのも、このインナートークで、過去の意味づけを変えたからなのです。

ミルクをこぼしてしまう子どもに、「なんでミルクをこぼすの？」と言うのをやめて、「どうしたらミルクをこぼさなくなると思う？」と聞くようにしたら、子ども自身が「コップをテーブルのはじっこじゃなくて、真ん中に置くようにする」と回答したという事例を知っています。

前向きな質問は、前向きな考えにつながる力を持っているのです。

「自分は、なんでダメなんだろう？」
ではなく、
「どうしたらうまくいくんだろう？」
そう**インナートークを変えることが、「落ち込みやすい自分」から抜け出す方法**の1つ。そして、過去の失敗を学びに変えて、未来へつなげる方法なのです。

第6章

お客様は、どんなメンタルの営業を選ぶのか？

断られたときの「ダメな営業」の典型的なパターン

この章では、お客様の立場から見て、「どんなメンタルを持っている営業からモノを買いたいと思うか」という点について考えてみたいと思います。

まず、お客様がもっとも嫌う「営業のパターン」について。

私は、会社にかかってきた営業電話をなるべく取るようにしています。

やはり、営業を育てる会社を経営していますので、「営業を応援したい」という思いがあるからです。

ところが、ときどき、本当に「ダメな営業の見本」のような電話営業をしているセールスがいてがっかりしてしまいます。

たとえば、資産管理に関する営業電話がかかってきたとします。

電話を取った私が、「ああ、ごめんなさい。資産管理については、ちゃんとお願いしている人がいるので、うちは大丈夫です」と答えた途端、「ああ、そうですか」プチッ、ツー、ツー。

電話をかけてきた営業のほうが、まさかのガチャ切り。

こういう営業は（言葉が悪くて恐縮ですが）馬鹿じゃないかって思います。

「そんなことやってるから、オマエは売れないんだよ」と苦言を呈したくなる。売れないだけならまだしも、いつかお客様の地雷を踏んで大クレームになりそうです。

もし、私が資産管理をお勧めする営業で、電話をかけた相手から、「あっ、うちはちゃんとお願いしている人がいるんで大丈夫です」と言われたら、こう答えます。

「ああ、そうですか。さすがですね。お電話をかけてお時間を取らせてしまって申し訳ありませんでした。ちなみに、今後はこういう電話はないほうがよいですか？　もしそうなら、私が責任を持って、お客様の名前を電話先リストから削除させていただきますがいかがですか？　あらためて、浅川と申します。責任を持って削除させていただきますが、もし、タイムラグで1、2回くらいうちからの電話があったら、その

ときはご容赦ください」

私は実際に、電話営業をやっていた頃、相手からお断りをされたとき、似たようなトークを使っていました。

こんなことを言われて、気を悪くするお客様はいません。「悪いけど、そうしてくれる」とか、「君は浅川というんだね。面白い営業だね」とか、少なくとも好感は持っていただけました。

お客様のニーズはいつ変わるかわからないというのはすでにお伝えしたとおり。もし、資産管理を見直そうという新たなニーズが生まれたとき、去り際によい印象を残していれば、「そう言えば、○○社に浅川とかいう面白い営業がいたな……」と思い出してもらえるかもしれないではありませんか。

営業は、断られたあとの去り際が大切です。けんもほろろに断られても、悔しさをおくびにも出さず、別れ際は、気持ちよく有終の美を飾る。

帰るときに、笑顔で「またぜひお越しください！」と声をかけてくれたお店にはまた行きたくなるのと同じです。

去り際の印象がよいセールスが、お客様の心をつかみ、次回の仕事につながります。

おかわりを勧められないバーテンダー

バーテンダーの方のコンサルティングをやらせていただいたとき、なかなか売上が伸びなくて悩んでいる方からこんな相談を受けました。

「浅川さん、私、お客様のグラスが空になっているのを見ても、気おくれしてしまって『おかわりいかがですか？』って言えないんです。いったい、どうしたらいいんでしょう？」

この方は、いわゆるアップセル（顧客の単価を上げること）が苦手なのですね。

私は、こうアドバイスしました。

「それなら、おかわりっていう単語を使わないで、『同じものでいいですか？』って聞いたらいかがですか？」

「あっ、それなら言いやすいです」

この方、たったそれだけの言い替えで、お客様の単価が、8倍になったそうです。


これは1つのテクニックです。

「おかわりいかがですか?」と聞くと、お客様の回答は、「じゃあ、もらおうか」と「いや、もういいかな」の二者択一です。

しかし、「同じものでいいですか?」と聞くと、お客様の回答は、「じゃあ、同じものをもらおうか」「いや、別のものを」「いや、もういいかな」という三者択一になって、「もういい」と答える確率が減ります。

それに、「いや、もういいかな」と答えられたとき、「じゃあ、お水出しますね」と言えば、おかわりの催促をしたにもかかわらず、好印象になります。

ここで、「お水は氷入りと氷抜きのどちらにいたしますか?」と聞けば、さらに好印象。おかわりの催促である「同じものでいいですか?」が、善意の「同じものでいいですか?」に変わります。

言葉1つでお客様に与える印象はガラリと変わるのです。

すぐに実利を求める営業は嫌われる

お客様は「売ろう売ろうというメンタル」の営業を嫌います。

売れないとわかった途端に態度を変える営業には怒りさえ覚える。

前述のように、アップセル１つとっても、言い回しに気を使いたいところです。

お客様は、同じ商品であれば、好感を持てる営業から買うからです。

「そんなの当たり前じゃないですか」と言う営業に限って、裏ではお客様の悪口を言ったり、買ってくれないとわかった途端、態度を急変させて、自分からガチャ切りをしたりとか、そんなことをやっているもの。

どうも、**即時的な結果を求める営業は、そういう態度を取りやすい**ようです。

いっぽう、心に余裕があって、お客様に好感を持たれる営業は、「売ろう売ろう」という態度が感じられないものです。

イギリスの高級車の販売店舗で受付のアルバイトをやったことがあるという方から聞いた話です。

その方が働いていた当時、スーパーカーがブームになり、たくさんの子どもたちが店舗に「高級車のパンフレット」をもらいにきたそうです。

高級車のパンフレットですから、安い作りではありません。

「こんな高価なパンフレットを、車を買ってくれるはずもない子どもたちに渡してしまってよいのかしら？」と心配になった彼女は、その会社のトップセールスと会ったとき、その疑問をぶつけてみました。

すると、そのトップセールスは、笑顔でこう答えたそうです。

「もちろん、どんどん子どもたちにパンフレットを渡してくれていいよ！　バンバンあげちゃって！」

この営業には、わかっているんです。

その子たちの親が、子どもに気前よく高いパンフレットを渡してくれる会社に好感を持つことを。そして、小さい頃にパンフレットをもらった子が、もしかしたら将来、その車を買ってくれるお客様に成長するかもしれないことを……。

そこには、即時的な結果（売上）を求める考えはありません。

もっと、長いスパンで、高いところから見ている。

営業としても、人間としても器が大きいんです。

もう1つ、今度はハウスメーカーの不動産営業の方の話。

あるとき、自分が勧める建て売り物件を買うと決めてくださったお客様に、「最終的に、この家に決めていただけた理由は何だったのですか？」と聞いてみたそうです。

すると、お客様から意外な回答が。

「私たち夫婦は買う家を決めるために、たくさんの住宅メーカーを回って、数多くの物件を見てきました。それで、この家に決めたわけですけど、最終的に決め手になったのは、物件というよりも、あなたですね」

「えっ？　私ですか？」

「そう、あなたです。あのね、**物件の見学をしているとき、うちの子が大騒ぎをしたでしょ。それをしっかりとあやしてカバーしてくれた営業は、あなただけだったんです。**ほかの営業は、みんな顔だけは笑っていたけれど、内心、嫌がっているのがわかった。まったく嫌がらずに笑顔であやしてくれたのはあなただけだった。それで、妻とどこにしようかと話したとき、家の資材とか価格とかより、とにかくあなたが勧めてくれる物件にしようと決めたんです」

お客様は、同じ商品であれば、好感を持てる営業から買うということ、伝わりましたでしょうか。

そして、**お客様が好感を持つ営業は、「売りたい、売りたい」と焦っている営業ではなく、メンタル面に余裕があって、「お客様のためを思う行動ができる営業」であり、一見、売上につながらないように思えることでも、心からの笑顔で対応してくれる営業**なのです。

「役に立つ情報」をくれる営業

メンタルとは少し違いますが、「自分にとって役に立つ情報」を提供してくれる営業も、お客様にとっては有り難い存在です。

お客様への情報の提供というと、「売りたい、売りたい」の営業は、「新商品が発売になりました」とか「今度、フェアがあります」とか、そんな、自分都合の「**セールスレター**」ばかりを送ってしまいます。

そんな「売り込み情報」ばかりを送られても、自分のニーズと合わない情報であれば、ちょっとゲンナリ。目も通さずにゴミ箱に直行するのがオチです。

これに対して、お客様が好感を持つ営業は、「お客様の役に立つ情報」、つまり「**ニュー**

スレター」を届けています。

たとえば、スーツを買ってくれたお客様に、「購入していただいたスーツには、こんな色や柄のネクタイが似合いますよ」という情報は有り難いですよね。また、「スーツのお手入れ方法」なども、役に立つ情報です。証券会社の営業が、相場が少し下がっただけですぐに「安心してください。一時的なものだと思いますので」と連絡するというのも、お客様の役に立つニュースレターのようなものです。

このように、賢い営業は、お客様がゲンナリしてしまう「セールスレター」ではなく、お客様の役に立つ**「ニュースレター」を定期的に送って（毎週○曜日の○時に配信と決めてしまうのがよい）、お客様との関係が継続するようにしています。**

もちろん、そういう「ニュースレター」の中に、ときおり「セールスレター」が入るから、「また、役立つ情報かな」と思ってもらえるわけです。

ちなみに私は、「ニュースレター」として、お客様にメルマガの配信をしています。「セールスレター」にならないよう、かつては「1日1格言」なども送っていました。

メルマガを配信することの利点は、やはり、**お客様からの信用につながる**ということです。以前に、私にコーチングの申し込みをしてくれた方に、「私を選んでくれた決め手は何だったんですか？」と聞いたら、**「毎日メルマガを書いている人だからウソはつかないだろうと思いました」**と言われたこともあります。

毎日は発信しなくても、丁寧な内容のメルマガを書いている人はやっぱり信用されると思います。

また、「セールスレター」臭さがないことから、私はつながりのあるお客様に年賀状、暑中見舞い、クリスマスカードなどを送るようにしていました。結構、喜んでいただけるのが、ゴールデンウイーク明けなどに送る「旅行先の絵はがき」を、旅行先の消印で届けるというレターです。

こういうレターは、お客様との関係性を継続するうえで、とても有効です。

最後に、もともと私が電話営業の会社にいたときの部下で、生命保険会社に転職した女性の事例。

私は彼女に「生命保険会社に転職したら、僕が最初のお客になるよ」と伝えていて、本当に契約したんですね。

それで、彼女から……というより、その生命保険会社から、顧客サービスということで、定期的にノベルティが送られてくるのですが、毎回、某キャラクターグッズなんです。

それで、あるとき、私は彼女に言いました。

「あのさ、1つ言っていいかな。僕がこのキャラクターグッズを欲しがると思う?」

「たしかにそうですよね」

「もしかして、なにも考えずに送っていたよね?」

「はい。本当になにも考えていませんでした」

クレームというわけではなく、元上司としてのアドバイスのようなものです。

私からそう言われた彼女、ここから素晴らしかったのは、翌月から、キャラクターグッズではなく、ビジネス雑誌を2冊送ってくるようになったことです。

それ以来、私にとってそのビジネス雑誌は、とても有り難い「ニュースレター」になっています。

営業を楽しんでいるように見える営業

お客様から見て、「この人から買いたい」と思っていただける営業は、どんなメンタルを持っているか。

次は、「**余裕があって、楽しんでいるように見える営業**」です。

私はよく研修で、缶コーヒーを相手のすぐ目の前まで近づけて、「これがなにかわかりますか？」と聞くことがあります。人はあまりにも目に近いものはなにかわかりません。少しずつ目から離していくと、やっと、「あっ、缶コーヒーですね」とわかる。

相手が缶コーヒーだと認識できたところでこう説明します。

「売れなくて、苦しんでいる営業の目線は、近すぎて缶コーヒーが認識できない状態

と一緒です。目先の売上のことしか考えられなくなると、視界が狭くなって、目の前のお客様すら認識できなくなります」

売上のことしか見えなくなっている営業からは、誰もなにも買ってくれません。

商品が同じなら、誰だって、余裕があって明るい営業から買います。

『論語』の中に、私が大好きなこんな言葉があります。

「これを知る者は、これを好む者に如《し》かず。これを好む者は、これを楽しむ者に如かず」

（知っている人は、好きな人にはかなわない。好きな人も、楽しんでいる人にはかなわない）

営業が好きな営業も、営業を楽しんでいる営業にはかなわないのです。

私の知人のある不動産会社の営業は、お客様にモデルルームを見学していただくとき、ディズニーランドにお連れしたような気持ちで案内するそうです。

「いいですか、今からカーテンを開けますね。ここから見える景色が本当に最高なんです！　日が落ちる時間なんて、もうリゾート地にいる気分になれますよ！」

そんな感じで案内すると、お客様からよく「なんか、あなた面白いね」と言われるといいます。

この方は、物件を案内するとき、**「お客様に楽しんでいただくことを楽しんでいる」**のですね。だから、その楽しさが、お客様にも伝わる。そんな営業は、買っていただける営業です。

「楽しんでいる営業がお客様に好かれるのはわかったけれど、どうやって楽しめばいいんですか？」

そんな疑問の声が聞こえてきそうですね。

その答えは、すでに第2章でお伝え済みです。

「状態は、理性に従うとは限らないが、行動には必ず従う」でしたね。

声のトーンも口角も上げて、楽しんでいるように行動することで、状態は自然と変わりますので、試してください。

念のために言いますと、「行動する」とは、内心は嫌がっているのに、表向きだけ楽しんでいるフリをするのとは微妙に異なります。

お客様と対面しているときだけ、明るく振る舞っても、裏で「あのお客、本当に決断力がないんだから」なんて言っていては、行動して状態が変わっても台無し。その本音は必ずお客様に伝わってしまいます。

ついでに言うと、**お客様に対して、自分の会社の上司やスタッフの悪口を言うのも絶対にNG。**以前に、クリーニング店へボタン付けをお願いしたのに、2回連続で付け忘れて戻ってきたことがありました。店員さんに「あの、ボタン付け、以前にもお願いしたんですけど」と言うと、返ってきた言葉が「本当に困るわよね、工場の人」。

いえいえ、そんなことをお客に言われても……です。

笑えない話ですが、お客様に、「最近、会社のノルマが厳しくて」なんて言うのも、このクリーニング店の店員さんと同じですから、要注意です。

自分の強みを知った、故郷での講演

実は、営業としての私自身の最大の強みは、この「明るさ」だと思っています。

私にその自分の強みを認識させてくれたのは、故郷の清里で行った講演会でした。

話は、私が電話営業から独立して、起業したときに遡ります。

地元の父親の友人に、山梨では有名な社長のFさんがいて、私にとっては第二の父親とも言える恩人でしたので、「今度、起業しました」と、報告をしたんですね。

そうしたら、「営業研修の会社を立ち上げたのなら、今度、うちの会社で研修をやってみろ」と、講演会をおぜん立てしてくれたのです。

講演の当日、会場に行って驚きました。

F社長の会社の社員だけでなく、もう、子どもの頃から私のことを知っているような、地元の社長さんたちが、50人くらい顔をそろえていたんです。

そんな社長さんたちが、私の顔を見るなり、「おーっ、トモ！」「トモ、久しぶりだなぁ、独立したんだって？」「今日は、なにしゃべるんだ」と……。

こっちは、もう緊張で吐き気です。講演の前に吐き気がしたのは、このときが最初で最後。それこそ、人生最大の緊張だったかもしれません。

とりあえず、トイレにこもって、「もう、まな板の上の鯉だ」と開き直りました。

そして、今の自分に出せる最大限以上の熱量で、持っているすべてをぶつけようと思って、90分間、ドーンとしゃべりました。

講演が終わると、F社長がとんできて、「トモ！　おめえ、すげえな！」と絶賛してくれました。そして、その場で「今度、うちの会社の顧問やれ」と。

本当に、それから数年間、顧問をやらせていただきました。

この講演会には後日談があります。

F社長の会社の社員で、当日、参加できなかった方たちがいたのですが、その人たちに、当日の参加者から、**「講演会の動画を絶対に見たほうがいい」**と猛プッシュがあったというのです。

それで、当日は不参加であとから動画を見てくださった社員さんと話す機会があったので、動画を見た感想を伺ったんです。

「講演会の動画、いかがでしたか？」

「本当に面白かったです」

「ありがとうございます。どのへんが面白かったですか？」

聞いた私としては、「脳科学のメソッドが明日から使えると思った」とか「生きる勇気をもらえた」とか、そういう感想を期待しました。

ところが返ってきたのは、意外な言葉でした。

「いや、あんなに楽しそうにしゃべっている講師を見たことがなかったので、すごく楽しかったです」

えーっ！　そこ？

内容じゃなくて、そこなの？
ショックを受けましたが、そのときに気がついたんです。

もしかしたら、これが私の決定的な強みなのかも……。

楽しんでいるということは、孔子の言葉によれば、最強じゃないですか！
こうして私は、これから起業してやっていくという、そのスタート時点で、自分の最大の強みを知ることができたのです。

その後、帝国ホテルでロータリークラブのメンバーである、日本を代表するような企業の会長クラスの方たちの前で、あろうことか、「マネジメント」をテーマに講演をしたこともありました。
そんなときも、これはもう**「楽しむしかない」**とメンタルチェンジをして、参加していた外国人の方が「オー、ジャパニーズ クレイジーボーイ」と言って笑ったくらい（本当にそう言ってウケていました）のテンションで話をしました。

分不相応な講演にもかかわらず、このときも大好評で、やっぱり、**「楽しむ人には誰もかなわない」**のだなと、再認識したものです。

「浅川さんのライバルって何なんですか？」

こう聞かれると、私はいつもこう答えています。

「ディズニーランドです」

これは、「私の電話トークの2時間は、映画よりも楽しい。私のトークを2時間聞くか、それとも映画を2時間見るか？　私の講演研修を受けるか、ディズニーランドへ行くか？　さあ、どっちを選びますか？　と、それくらいのテンションでやっているので、ライバルは競合他社ではなく、ディズニーランドです」と、そんな意味でそう答えているのです。

それくらいの気持ちで、私の話を聞いてくださる方に楽しんでいただき、自分も楽しむようにしているということです。

すべては、あなたの武勇伝

私が電話営業の会社で福岡勤務だったとき、メンターともいうべき上司がいました。

そのメンター上司が、お客様の契約が流れてしまって落ち込んで仕事が手につかなくなっている若手営業にアドバイスをしていたときの会話です（私はメンター上司がどんなアドバイスをするのか興味津々で盗み聞きしていました）。

「お客にキャンセルされて落ち込んでいるのはわかる。でも、ここでちょっと考えてほしいんだけど、もし将来、あなたが自分の自叙伝を書くとしたら、今日のキャンセルって、その本に書き残すかな？」

「いいえ、書きません」

「どうして？」
「だって、本に書くほどのことじゃないですから」
「じゃあ、そんな些細なことで落ち込むこともないいんじゃない？」

さすがメンター上司。たしかに、自分の人生を大局的に見たら、たった1つのキャンセルなんて、些末《さまつ》な出来事でしかありません。

ちなみに私は、今から150年後、営業の世界で伝説になった私を主人公にした大河ドラマができると、勝手に妄想しています。

そのおかげで、大概のピンチは、「このピンチはまあ、ドラマの中に入れるほどじゃないな」とか「これは大逆転の伏線として使えるな」とか、そんなふうに考えられるのです。

まあ大河ドラマとまではいかなくても、持ちネタとして人に話したとき、いちばんウケるのは、やっぱり失敗談なので、ピンチや失敗をしたときは、それこそ「武勇伝が増えた」くらいに思えば落ち込むこともありません。

そう言えば、私の元部下で、現在は生命保険の営業をやっている女性が、私に嬉々《きき》として話してくれたことがありました。

「浅川さん、聞いてください！　私、**また1つ、武勇伝が増えちゃいました！**」

「えっ、なに？　どうしたの？」

「私、水をかけられました！」

「はあ？」

聞けば、あるお宅を訪問して、そこの息子さんと商談をしていたら、突然、奥からお母さんが出てきて、「出ていけ！」と水をかけられたのだとか。

普通なら、そんなことをされたら、怒るか泣き出すかのどちらかでしょう。

しかし、彼女は「いつか自分はセールストレーナーになる」と思いながら今の仕事をしているので、**「これは将来、トレーナーになったときにトークで使える最高のエピソードができた」**と、喜んだというわけです。

素晴らしいですよね。そんな考え方ができれば、どんな理不尽なことがあっても、全部、「武勇伝」だと思えます。

ステージでアーティストが考えていること

お客様から見て、「この人から買いたい」と思っていただける営業は、どんなメンタルを持っているか。

最後は、**「自分を感動させてくれる営業」**です。

ちょっと想像してみてください。

大きな会場で満員のお客様を前に歌うアーティストは、そのとき、どんなことを考えてステージに立っていると思いますか？

やはり、**「今日、ここにきているお客様に、最高のパフォーマンスを見せて、感動して帰ってもらおう。まず、自分がこの瞬間を楽しんで、お客様にも、嫌なことを忘**

れてもらおう」と、そんなことを考えるのではないでしょうか。

決して、「今日の売上は4千万円か。ということは、この1曲で400万円だな」とは思わないはず。

私は営業もこれと同じだと思っています。

商談の場が営業にとって舞台だとするなら、考えるべきは、**目の前のお客様の心を揺さぶって感動していただくこと。目の前のお客様に幸せになっていただくこと**です。

そういうメンタルで仕事をしている営業に、お客様は心を惹かれ、「この人から買いたい」と思ってくださいます。


ただし、ここで1つだけ注意しなければならないこと。

それは、舞台では、心からお客様を感動させたいと思っているアーティストも裏方に回れば、ライブのチケットの売上をちゃんと気にしているということです。

「売ろう、売ろう」と考える営業はよくないと言っておきながら矛盾すると思われたかもしれませんね。しかし、この「裏ではちゃんと売上も重視する」というのは、とても大切なことなのです。

なぜなら、**利益を上げられなければ、次のライブを開けない**から。

お客様に自分のパフォーマンスを披露して楽しみ続けていただくためには、利益を上げることが絶対条件です。


私は、「**プロとは、約束を果たす人**」だと思っています。

プロとして会社を経営する以上、「売上目標という約束」を達成して、お客様にサービスを提供し続けなければならない。

よく、「営業は数字だ！」と怒鳴っている上司がいます。それはそれで、間違ってはいないと言えます。

そもそも、「経済」という言葉は、「経世済民」という言葉の略で、これは、「世を治め、民を救う」ということ。お金儲けは世のため人のためという意味なのです。


かの松下幸之助さんは、「つぶれる会社、売れない商品というのは、世の中にとって存在価値がない」という言葉を残しています。この言葉を知った私は、会社を起業したとき、1年間は創業者支援融資を受けないでやってみようと思い、実行しました。

もし、私が起業した会社に社会的な存在価値があれば、支援を受けなくても、やっていけると思ったからです。

結果、どうやら世の中は、私の会社の存在価値を認めてくれたようで、生き残ることができました。

お客様が払ってくださる**お金は、言わば「ありがとう」という感謝が形になったものです。**

その感謝のしるしを原資として、プロは、**「未来のありがとう」を作る。**

ですから、営業は、心の底からお客様の幸せのためにパフォーマンスして感動を与え、その感謝のしるしとして、堂々と対価をいただく。

それでこそ、プロの営業だと思っています。

自分の商品に自信を持てないとき

「まず自分が楽しむことで強くなれるし、お客様も心惹かれるというのはわかるのですが、自分が売っている商品に自信を持てないんです」

こんな相談をいただくことがあり、そんなとき、私はこうお伝えしています。

「１００パーセントポジティブな商品はないし、１００パーセントネガティブな商品もありません」

たとえば、映画『タイタニック』は、「面白いけど、ちょっと長いね」、『ロッキー』は、「たしかにいいけど、古いよね」などと、どんな名作であっても、ネガティブな

ことを言う人が必ずいます。

私が電話営業で売っていた「教育プログラム」だって、「あれによって救われました」と言う人がいるいっぽう、必ず「あんなもの詐欺だよね」と言う人もいる。

世の中に完璧な商品が存在しない以上、いや、どんなに完璧に近いものでも、評価が割れるのは仕方ないことです。

そして、**なにを見てもネガティブ探しがクセになっている人**が少なからず存在しているのです。

自分が扱っている商品にネガティブな評価をする人は、もしかしたら、そんなクセがついているのかもしれません。そういう人は、残念ながら、なにを扱ってもネガティブ探しをしてしまいます。そして、売れない人ほどその傾向が強い。

はっきり言って、ネガティブなところを探そうと思えばいくらでも探せます。

自分の商品に自信が持てない方は、ぜひ、思考のクセを変え、**「この商品のよいところはどこなんだろう?」「お客様のお役に立てるところはどこなんだろう?」**と、**「ポジティブ探し」をするための質問を自分にしてみてください。**

それこそ、ポジティブ要素をノートに書き出してみてもよいでしょう。

子どもの頃の得意科目は何でしたか？

その教科が好きになったきっかけは、たまたまテストでよい点を取ったとか、そんなことではありませんでしたか？

同じように、**商品は、「売ったとき」に好きになります。**

自分の商品を好きになるもう1つの方法は、自分が扱う商品が好きでも嫌いでも、まずは売ってみることです。

売ることで、自分がその商品を好きになるだけでなく、お客様がその商品のよさを教えてくださることもあります。

第6章では、お客様はどんなメンタルの営業を選ぶのかについてお話ししました。

お客様に選んでいただける営業のイメージが伝わりましたでしょうか。

次の最終章、第7章では、「営業の醍醐味《だいごみ》」についてお話ししたいと思います。

第7章

営業の醍醐味を知る

あの日、1本の電話がなければ

ジャーナリストで作家の落合信彦さん（最近はすっかり息子の落合陽一さんのほうが有名になっていますね）は、もともと石油のビジネスで成功し、その後、作家になった方です。作家になってしばらくすると、「正直、オイルで億単位のビジネスをしていた自分が、作家でヒットを出しても印税はたかが知れている。そろそろまた石油ビジネスに戻ろうか」と思うようになっていました。

落合さんからその話を聞いた担当編集者は、涙ながらにこう言ったそうです。

「落合さんはまだ、本の凄さを体験していません！　活字の凄さを味わう前にやめないでください！」

うーん、そんなものかな……と思い、とりあえず作家を続けることにした、そんな

ある日のこと。１人の少年から一通のファンレターが届きます。

封を開けると、そこには、ミミズが這うような、力ない文字の手紙が。

「僕は末期がんです。今は病院にずっといて、落合先生の本を読むことを人生最大の喜びにして、病と闘っています」

ああそうなのか、有り難いなと思う落合さん。しかし、封筒の中には、もう１枚、便箋が入っていました。

「私は、この手紙を書いた子の母です。あの子は、この手紙を書き終えたあと、亡くなりました。息子に生きる希望を与えてくださった先生に、どうしてもお礼をお伝えしたくて、息子の手紙と一緒に私の手紙を送らせていただきました。本当にあの子は、最後に、あなたの言葉によって、どれだけ励まされたかわかりません。ありがとうございました。頑張ってください」

落合さんは、この手紙によって、編集者が言っていた「活字の凄さ」を知ったとおっしゃっています。

そして、「自分はこれから一生、誇りを持って物書きとして生きていく」と決めたのです。

私は、営業の仕事も、これと同じだと思っています。

「あの日、浅川さんから1本の電話がなければ、今の私はありませんでした」

電話営業でスタートし、そんな言葉をいただくたびに、体が打ち震えるくらいの感動を何度も味わいました。

そして、感じてきたこと。

それは、**営業ほど素晴らしい仕事はない**ということです。

それこそ、たった1本の営業電話で、ときには、相手の人生を変えるお手伝いができる。相手の人生のターニングポイントに立ち会い、自分のひと言が、誰かの明日につながっていると体感できる。

本当に考えれば考えるほど、最高の仕事だと思えるのです。

なにも、私が販売していた、教育プログラムのような商品でなくても、家とか、自動車だって、これからの相手の生活を変えるきっかけになります。

企業への問題解決の提案だって、そこに働く人たちに影響を与えます。

営業という仕事は、相手の人生に影響を与えることができる仕事なんです。


それなのに、営業になったばかりの人たちの多くは、なかなか数字が出ないと、すぐに「自分は営業に向いていない」と挫折してしまう。

そして、そのまま営業を辞めてしまう人も……。


私は新人営業の研修で、よくこんなことを伝えます。

「今、皆さんは入社したばかりで、青雲の志を抱《いだ》いていることと思います。でも、ここで残酷な真実をお伝えします。今から1年後、その志をほとんどの方は忘れています。残念ながら、トップセールスとして山の頂上を見られるのは、この中の数パーセ

ントの人だけです。では、どうすれば初心を忘れないようにできるか？　私は、入社したときの思いをデスクに貼っていたし、家の玄関にも貼っていました。どうか、今の思いを忘れないでください。不平や不満という登れない理由ではなく、山の頂上、つまりは目標を見続けて行動する営業になってください」

あえて厳しいことを伝えるのは、きれいごとを言うよりも、現実を伝えて、それでも辞めないでほしいという思いからです。

どうか、営業の醍醐味を味わうまで、営業という素晴らしい仕事を辞めないでほしい。

聖書には「はじめに言葉ありき」という一節があります。

私たち人間でも、ほんのひと言に、神が宿ることがあります。

自分のたったひと言が、誰かの人生の明日を変える。

そんなすごい体験を、ぜひ、あなたにも味わっていただきたいのです。

営業は、後ろにいる誰かも幸せにできる

私の営業研修に参加してくださった、ある営業の方の話です。

その方はマンションを販売するお仕事をされていて、私の会社の営業研修に参加される前は、３年間の売上実績がゼロ。つまり、１棟も売れていませんでした。

その３年間は、家に帰ると、毎日のように子どもが「パパ、今日はマンション売れた？」と聞いてくる。子どもにはまったく悪気はなくて、純粋に元気がないパパのことを心配して言ってくれていて、それが余計につらかったそうです。

それが、営業研修を受けてから、１年も経たずに9億円の売上を立てることができて、今では役職者に昇進。「浅川さんのおかげで、家での子どもとの会話も変わりま

した」と、喜んでいただくことができました。

こういう事例があると、営業という仕事は、対面するお客様だけでなく、そのご家族にも、心穏やかな状態をお届けできるということを再認識します。

あなたの営業行為が幸せにするのは、お客様だけではありません。

お客様の後ろにいる誰か（お客様の家族とか）にも、必ず影響を与えます。

営業とは、それだけのパワーがある仕事なのです。

もう1つ。営業が持つ影響力について。

営業は、リレーのアンカーのような仕事です。

これ、よく「自分はアンカーマンだから、花形なんだ」とか、「販売会社は、営業がいてナンボ。営業が支えているんだ」なんていう勘違いをする営業がいます。

もちろんそれは大間違いで、バックオフィスに感謝していない営業は、やっぱり売れません。

見ているとよくわかるのは、**トップセールスほど、バックオフィスから応援されて**

います。そして、中途半端な営業は、しょっちゅうバックオフィスとケンカしている。「納品、早くしろよ！」とか、偉そうに文句ばかり言って、バックオフィスから嫌われているのです。

昔、議員だった頃の父がよく言っていました。

「いいかトモ、**神輿《みこし》っていうのは、担ぐ人がいて、初めて神輿なんだ。**祭りのときはみんな、神輿の上に立つ人のことを見るけど、たくさんの人が、下でそれを支えて担いでくれていることを忘れちゃいけないぞ」

子どもの頃からこんな言葉を聞かされていたので、私は電話営業でトップセールスになったときも、常にバックオフィスへの感謝を忘れないようにしていました。

そうしたら、みんなが味方になってくれて、私が大きな商談を決めると一緒になって喜んでくれました。

「浅川さん、ありがとう！　おかげでボーナスが出たよ」

そんなふうに声をかけられると本当に嬉しかった。

そして、営業は、お客様とその後ろにいる人たちに加え、**バックオフィスの人たちまでも幸せにできて、感謝してもらえる仕事**なのだと実感したのです。

ベトナム人の若者に教えられた、異次元のモチベーション

ある製造業の会社で実施したマネジメント研修に、若いベトナム人の受講者がいました。来日して3年目の28歳。積極的な姿勢と広い視野に注目した社長が、幹部社員に抜擢したのだそうです。

研修での彼は本当に目立っていて、ワークディスカッションでも存在感を発揮し、休み時間には私のもとに質問にやってくるなど、並々ならぬやる気の高さです。

私が彼に、「そのモチベーションはどこからくるの？」と聞いてみるとこんな答えが。

「ベトナムにいる仲間に、もっとたくさんの仕事を創ってあげたいんです」

聞けばその彼、ベトナムにいる仲間を15人ほど組織化し、日本からの仕事を振っているとのこと。

入社数年にして、すでに彼は、自分のためだけに仕事をしていませんでした。ベトナムの仲間たちの日本におけるリーダーとして、異次元のモチベーションを持っていたのです。

彼の志の高さと、目の輝き、そして、幸せそうな表情に感動しました。


営業におけるモチベーションの第一は、もちろん自分で構いません。

「営業で成功して、お金を稼ぎたい。自己実現したい」

そんなモチベーションを否定するつもりはありませんし、そもそも、私自身がそうでした。ただ、あるとき、自分の仕事がいかに周りの人たちのためになっているのかということに気がつくと、**他者貢献が大きなモチベーションになります。**

「この目標が達成できたとき、誰にどんな貢献ができる？」

自分のためだけに頑張っていた人がこの他者貢献を知ったとき、それがブレークスルーのきっかけになります。

映画『AIR』で観た、営業の醍醐味

映画『AIR』（2023年、監督ベン・アフレック）をご存知でしょうか。ナイキの伝説的なバスケットシューズ「エア・ジョーダン」の誕生秘話を描いた作品で、ナイキ社のバスケットボール部門の立て直しを命じられる社員、ソニーをマット・デイモンが演じています。

この映画が、まさに営業の醍醐味を感じさせてくれる内容だったので、紹介いたします（これからご覧になる方は、ネタバレ注意です）。

ナイキ社は、まだ高校生のマイケル・ジョーダンに注目します。しかしジョーダンは、有名選手になって大手企業とブランド契約を結びたいと考えていて、ナイキ社なんてまったく目に入っていない。そこで、ソニーがいかにして、ジョーダンとその

家族を口説き落とすかが物語のメインとなります。

私が感心したのは、キーマンであるジョーダンの母親に、ソニーが「コンバースは、数いるスター選手の中の1人として、上から目線で、あなたの息子さんを扱うでしょう。そして、アディダスは創業者が亡くなったばかりで、意思決定者がはっきりしていないため、大きな決断ができない」と予言する場面です。その予言が当たっていたことで、ジョーダンの母親はソニーの話を聞く気になります。

そして、私がもっとも感動した場面。それは、ソニーがジョーダン一家にプレゼンする場面です。

「ナイキは君だけのシューズを作る。その名もエア・ジョーダンだ！　君がこのシューズを履くことで、このシューズは別の意味合いを持つようになる。そのうち、世界中の人がこの靴を履く時代がやってくる」

ソニーはここで、ビジョンと夢を熱く語り、このプレゼンがジョーダン一家の心を動かすのです。

営業にとって、参考になる場面が山のようにある映画です。興味のある方はぜひご覧いただき、営業の醍醐味を感じてください。

「レクサス」の営業が教えてくれた、営業の醍醐味

映画の次は、私が実際にお客の立場で経験した、「心を揺さぶられたセールス」のお話をさせてください。おそらく、私が死ぬときに思い出すプレゼンがあるとしたら、このプレゼンだと言っても過言ではないくらい、感動したプレゼンです。

それは２０１８年、私がトヨタ自動車株式会社の高級車「レクサス」の購入を検討したときのこと。親交があって、いつか自動車を買うならこの人から買おうと決めていた、トップセールスのＨさんが、私の事務所にプレゼンテーションにきてくださいました。このＨさんはまさに「車が好きで好きで、車の営業をできることを心から楽しんでいる」のがビンビン伝わってくる方です。

私としては、すでに購入する第一候補の車種を決めていたので、それを告げました。するとHさんがこう言うんです。

「浅川さん、ありがとうございます。おそらく浅川さんはそうおっしゃると思っていました。でも、一応、レクサスのコンセプトを少しだけ話させてください」

そう言うなり、テーブルにレクサスの全車種のパンフレットを並べ始めます。

「浅川さん、実はこの中に、１車種だけ、パンフレットの表紙のコンセプトが異なるものがあるんですが、どれだかわかりますか？」

「えーっ。これですか？」

見比べれば一目瞭然でした。そのパンフレット以外の表紙の写真はすべてレクサスが止まっている状態の写真。そのパンフレットだけが、すごい勢いで走行している写真を表紙にしていたんです。

「そうなんです。実はこの車種は、レクサスが世界で勝負するんだという、挑戦のメッセージをコンセプトにした車種なんです。『これから世界に打って出る。これは、世界のスポーツカーに負けない車なんだ！』という気概を象徴した写真を表紙にしています。ズバリ言いますと、私は今日、この車種を浅川さんにお勧めにきました！」

Hさんのプレゼンは続きます。

「ここで少し、この車種を開発したチーフエンジニアの話をさせてください。この車種の開発については、あまりに手間がかかることから社内で役員たちから何度もダメ出しをされたんです。でも、彼は『この車でレクサスは世界に打って出るんだ』と、内密で妥協のない開発を続け、とうとう社長のイエスを引き出したんです。そんな作り方はトヨタでは異例です。私は、浅川さんもそういう方だと思っています。営業教育でやがては世界に打って出る、自社のブランドを誇り高く掲げていくというビジョンをお持ちじゃないですか。ですからもう、その意味でこの車しかありません！」

この約1時間のプレゼンで、もう何の迷いもなくその車種に決まりでした。

「私はいつか、浅川さんにこの車を開発したチーフエンジニアと会ってもらいたいと思っています」

そのとき、Hさんはそうおっしゃいました。そして、実際にその数年後、私はHさんを通してそのチーフエンジニアの方とお目にかかることができたのです。

その方の名前は、佐藤恒治さん。

そうです。２０２３年4月に、豊田章男さんから引き継ぎ、トヨタ自動車の12代目の社長に就任した佐藤恒治さんその人。社長就任のニュースを見たときは仰天してしまいました。

実はこの話には、おまけがあります。

全国で活躍しているレクサスのトップセールスの皆さんが集まる研鑽会があるのですが、Ｈさんのご厚意で、なんとその席に私を呼んでくださったのです。

社長就任前とは言え、大広間での食事のときは、佐藤さんの隣の席でしたから、光栄この上ない話です。

その席で、短いスピーチを頼まれた私は、こんな話をさせていただきました。

「私は営業のトレーナーをやらせていただいています。そんな仕事をしていて思うのは、私たちは一生の間にいったい何回の買い物をするだろうかということです。人生をかけた大きな買い物から、小さな買い物まで、数えきれないほど買い物をしていると思います。その意味で、僕は、その人の人生の中で記憶に残る買い物を作りたいと

いう思いで仕事をしています。そんな僕に、おそらく死ぬまで絶対に忘れられないであろうと思える営業プレゼンをしてくださったのが、ここにいるHさんでした」

（ここで拍手が起こりました）

「人は一生のうちにたくさんの買い物をします。でも、その中で、『愛情』の『愛』という字がつく買い物って、なにがあるのか？　愛住宅、愛パソコン、そんなことは言いません。ズバリ言いますと、車しかないんです。車だけは『愛車』って呼びます。トップセールスの皆さん、『愛車』を届けてくださってありがとうございます」

あとから思うと、愛犬とか愛馬という言葉もあります。でも、みんな生き物です。愛犬は家族同様だし、愛馬はそれこそ、昔の武将にとっては、自分の命を預ける存在。車というのは、それに匹敵する買い物なのです。

私のこのスピーチはその場にいたトップセールスたちに響いたようで、名刺交換の列ができました。Hさんにも、「たった数分で、あの場にいた猛者《もさ》たちの心をつかむんですから、さすがですね」と言っていただくことができました。

一生モノのプレゼンとよきご縁をいただいたHさんには感謝しかありません。

心がささくれたときに効く詩

営業の醍醐味を味わうまで、ぜひ、営業を続けてほしいとお伝えしてきた本章の最後に、一編の詩をご紹介したいと思います。

これは、かつて私が電話営業の新人だった頃、少し営業に疲れて心がささくれだっていたとき、先輩から「浅川、こんな詩を知ってる？」と、教えていただいたマザー・テレサの「あなたの中の最良のものを」という題の詩です。

一読して、衝撃的に感動しました。そして、お客様に過剰に期待していた自分を反省し、「電話を取ってくれただけでも感謝」「迷ってくださっただけでも感謝」と思うことができるようになりました。

今でも、心が乱れたときは読み返すことがあるし、営業研修では、最終日に受講生

の皆さんに披露することもあります。それは、こんな詩です。

「あなたの中の最良のものを」

人は非合理、非論理、利己的です
気にすることなく、人を愛しなさい
あなたが善を行うと、利己的な目的でそれをしたと言われるでしょう
気にすることなく、善を行いなさい
目的を達成しようとするとき、邪魔立てする人に出会うでしょう
気にすることなくやり遂げなさい
善い行いをしても、おそらく次の日に忘れられるでしょう
気にすることなく、し続けなさい
あなたの正直さと誠実さとが、あなたを傷つけるでしょう
気にすることなく、正直で誠実であり続けなさい
あなたが作り上げたものが、壊されるでしょう

気にすることなく、作り続けなさい
助けた相手から、恩知らずな仕打ちを受けるでしょう
気にすることなく、助け続けなさい
あなたの中の最良のものを、世に与えなさい
蹴り返されるかもしれません
でも気にすることなく、最良のものを与え続けなさい
最後に振り返ると、あなたにもわかるはず
結局は、すべてあなたと内なる神との間のことなのです
あなたと他の人の間であったことは、一度もなかったのです

マザー・テレサ

あなたがお客様のことを思って営業したことに対して、相手がどんな反応をしても、たとえドタキャンをされても、傷つくことはありません。

自分の中の最良のものを与えたのなら、それでいい。

その行為は、いつか必ずあなたに返ってきます。

おわりに

世界は、あなたの提案を待っている

「あなたのランプの灯を、もう少し高く掲げてください。見えない人々の行く手を照らすために」

ヘレン・ケラーの言葉です。

私がこの言葉と出会ったのは、ちょうど電話営業で頑張っているときでした。

「そうだ、もっともっと自信を持ってプレゼンをして、たくさんの人にこの商品のことを知ってもらって、その人たちの助けにならなくては！」と、そんなふうに思ったのを覚えています。

あなたが今、扱っている商品やサービスは、さまざまな人たちの暗闇を照らす「灯」

のようなものです。

私は、せっかく自分が持っている、その「灯」を、困っている人たちにお届けしないのは、罪なことだと思っています。

営業とは、名も知らぬ人たちへ、暗闇を照らす「灯」をお届けすることができる崇高の仕事なのです。


それなのに、灯を届ける前に諦めてしまったらどうでしょう?

もしかしたら、お客様にとって人生を変えるほどの灯だったのに、それを持っているあなたが、たった1度、断られただけで、諦めてしまったら……。

私は、電話営業時代、常に「**もう1件だけ電話をかけてみよう**」と思い続けていました。

「もう今日は終わりにして帰ろうかな」とそう思ったところで、「いや、もう1件だけ電話してみよう」と思って電話をする。

それは、もしかしたら、その1件の電話で、自分の商品を待ち続けていた人とつながるかもしれないからです。

お湯は、99℃から100℃に変わった瞬間に、ポッコンと泡が立って沸騰します。

沸騰するかしないかの差は、たったの1℃でしかない。

たった1回の電話が、その最後の1℃になるかもしれません。もう1回電話をかけていれば沸騰したのに、99℃で諦めているかもしれない……。

そう思うと、電話をかけずにはいられませんでした。


私はよく、営業セミナーで夜景をスクリーンに映すことがあります。

そして、受講生にこんなことをお伝えします。


これは夜景ですね。

この光っている窓の1つひとつの向こうには、必ず人がいます。

私は夜景を見ると、いつも、窓の向こうの人たちのことを想像します。

家族で夕食を共にしているかもしれない。

事業に行き詰まって悩んでいるかもしれない。

これから人生をかけた大勝負をしようと燃えているかもしれない。

窓を見ていると、そこに、いろいろな人たちの願望や問題が詰まっているような気がします。

そして、この窓のどこかに、自分を、自分の提案を待ってくれている人が必ずいると思うのです。

「ああっ、浅川さん、こういう話を聞きたかったんだ」

そう言ってくださる方が必ずいる。

そう思うと、歩みを止められないし、自分が持っている価値あるものを早くお伝えしなければと思う。

今度、夜景を見たときには、「綺麗だな」と思うだけでなく、こう思ってほしい。


「この窓の向こうの誰かのお役に立つんだ!」


忘れないでください。

夜景の窓の向こうには、必ず、あなたのことを待っている人がいます。

あなたが営業でいる限り、

世界は、あなたの提案を待っています。

【著者紹介】

浅川　智仁（あさかわ・ともひと）

◉——1978年4月21日生まれ。山梨県出身。早稲田大学卒。ライフデザインパートナーズ株式会社代表取締役。iU情報経営イノベーション専門職大学 客員教授。一般社団法人 日本財務経営協会 特別顧問。

◉——専門である成功哲学をベースに、大脳生理学や行動心理学、脳機能科学などの要素を積極的に取り入れた独自の指導方法で、業種を問わず多くのセールスパーソンや経営者の飛躍的な売上アップに貢献。特に営業未経験者や、入社間もないクライアントの指導には定評がある。

◉——2010年８月にはThe Japan Timesが選ぶ『アジアを代表する次世代の経営者100人～2010』に、ワタミ株式会社創業者渡邉美樹氏や株式会社ジャパネットたかた創業者髙田明氏と共に、営業コンサルタントとしてただ一人選出される。独立前は、世界最大級の能力開発企業で営業インストラクターとして活躍。

◉——営業未経験ながら入社２年のスピードで年間トップセールスを獲得。支店責任者としても、着任初月に対前月比230%の売上を実現。支店メンバーを全国トップのセールスパーソンに育てることにも成功した。

◉——「セールスは芸術である」が持論で、営業職が尊敬される世の中創りをめざし、日々活動中。主な著書に『電話だけで３億円売った伝説のセールスマンが教える お金と心を動かす会話術』（かんき出版）、『仕事ができる人は、３分話せばわかる』（三笠書房）、『できるリーダーは、こう話す』（PHP研究所）などがある。

浅川智仁YouTubeチャンネル
https://www.youtube.com/channel/UC05TCoSUwXrH72e-28Lo5xw

営業《えいぎょう》の苦手《にがて》意識《いしき》がなくなる本《ほん》

2023年10月20日　　第１刷発行

著　者——浅川　智仁
発行者——齊藤　龍男
発行所——株式会社かんき出版
東京都千代田区麴町4-1-4 西脇ビル　〒102-0083
電話　営業部：03(3262)8011㈹　編集部：03(3262)8012㈹
FAX　03(3234)4421　　振替　00100-2-62304
https://kanki-pub.co.jp/

印刷所——ベクトル印刷株式会社

ISBN978-4-7612-7697-3 C0030